AI와 미래 의사

AI문고

인공지능 시대입니다. 기계가 인간의 인지를 대신하고, 사물이 인간을 통하지 않고 다른 사물과 직접 커뮤니케이션합니다. 이에 따른 인간 삶과 문명 변화를 정확히 이해·예측·대응하는 것은 이 시대 우리 모두의 과제입니다. AI문고는 인공지능 기술과 환경의 여러 주제를 10가지 키워드로 정리합니다. 관련 개념과 이론, 학계와 산업계의 쟁점, 우리 일상의 변화를 다룹니다. 인간과 기술의 현재, 미래를 세심히 분석합니다.

일러두기

- 인명, 작품명, 저서명, 개념어 등은 한글과 함께 괄호 안에 해당 국가의 원어를 병기했습니다.
- 외래어 표기는 현행 어문규정의 외래어표기법을 따랐습니다.

처음이세요?

전문가세요?

AI와 미래 의사

임채영

대한민국, 서울, 커뮤니케이션북스, 2025

AI와 미래 의사

지은이 임채영
펴낸이 박영률

초판 1쇄 펴낸날 2025년 4월 18일

커뮤니케이션북스(주)
출판 등록 2007년 8월 17일 제313-2007-000166호
02880 서울시 성북구 성북로 5-11
전화(02) 7474 001, 팩스(02) 736 5047
commbooks@commbooks.com
www.commbooks.com

ISBN 979-11-430-0036-1 03500

책값은 뒤표지에 표시되어 있습니다.

차례

AI 알고리즘을 처방하는 미래의 의사

인공지능과 의학의 새로운 만남

2017년 인공지능(Artificial Intelligence, AI) 열풍이 의료계를 처음 강타한 이후, 많은 AI 기술이 의료계에 새롭게 도입되고 있다. 의학과 인공지능의 만남은 단순히 기술적 도구의 도입을 넘어, 의사의 역할과 의료 환경 자체를 근본적으로 재구성하는 거대한 전환점이 될 것이다.

현재 우리는 AI 기술이 질병 진단과 치료를 비롯한 다양한 의료 활동에서 본격적으로 활용되기 시작하는 시기를 맞이하고 있다. 이러한 변화는 의료계를 새로운 도전과 기회로 이끌며, 미래의 의사가 어떤 역할을 맡아야 할지에 대한 깊은 고민을 요구한다.

이 책은 단순히 기술적 발전을 소개하는 것을 넘어, 의사의 관점에서 AI와 의료가 만나는 지점에서 발생하는 다양한 질문을 탐구하는 데 초점을 맞추고 있다. 의료 현장에서의 실질적인 AI 도입 사례, 기술적 가능성과 한계, 윤리적 논의 등 복합적인 주제를 다루면서 의료 인공지능에 관심이 있는 독자 및 연구자들에게 의료 AI의 현재와 미래를 입체적으로 조망할 기회를 제공하고자 한다.

젊은 의사로서, 그리고 의료 AI 연구자로서, 이 전환기를 직접 경험하며 느꼈던 기대와 도전, 그리고 새로운 가능성에 대한 통찰을 이 책에 담고자 했다. AI 기술은 단순히 의사의 진료를 돕는 도구로 기능하는 것을 넘어, 향후 의료 서비스의 패러다임을 변화시킬 것이 분명하다.

하지만 AI 기술이 가진 잠재력만큼이나 그것을 실제로 의료 환경에 적용하는 과정에서 나타나는 어려움과 한계가 존재하기에 우리는 이에 대해 충분히 살펴보고 준비해야 한다. 따라서 서문을 통해 먼저 AI가 의료 현장에서 본격적으로 도입되기 시작한 배경과 현재 상황을 간략히 살펴보겠다. 나아가 AI가 의사의 역할과 책임에 미치는 영향을 탐구하고 이러한 변화 속에서 의사들이 준비해야 할 새로운 기술적, 윤리적, 그리고 문화적 역량에 대해서도 논의하겠다.

의료 AI의 도입과 발전

1972년 스탠퍼드(Stanford) 대학교에서 'MYCIN'이라는 프로그램을 개발했는데, 이것이 의료에 도입된 최초의 AI 모델이다. 'MYCIN'은 전문가 시스템(Expert systems)을 기반으로 하는 인공지능 모델로 350개의 실행 규칙(Production rules)을 바탕으로 의사들이 감염성 질병을 진단하고 항생제를 처방하는 데 도움을 주기 위해 개발됐다. 하지만, 당시 컴퓨팅 능력의 한계와 데이터 부족으로 사용이 제한적이었다.

2000년대 들어서 기계 학습(Machine learning)이 발전하면서 의료 AI는 새로운 전환점을 맞이한다. 특히, 전자 의료 기록(Electronic Medical Record, EMR)과 같은 대규모 데이터 저장 기술의 도입으로 AI가 더 많은 데이터를 학습할 수 있게 되었다. 이러한 시기에 본격적으로 암 진단, 약물 개발, 환자 모니터링과 같은 분야에 인공지능이 본격적으로 활용되기 시작했다.

2010년 이후, 딥러닝(Deep learning) 기술의 발전으로 의료 AI는 영상 의학 분야에서 두각을 나타내기 시작했다. 예를 들어, 2017년 미국 스탠퍼드 대학교 연구진은 ≪네이처(Nature)≫ 연구지에 한 편의 논문을 발표했는데, 바로 그들이 개발한 딥러닝 알고리즘이 피부암 진단과 분류에서 피부과 전문의보다 뛰어난 결과를 보였다는 것이다. 이러한 성과는 AI 기술이 의료 분야에서 얼마나 빠르게 발전하고 있는지를 단적으로 보여준다.

오늘날 AI는 단순한 보조 도구를 넘어, 환자 맞춤형 치료 전략 수립, 질병 예측 및 예방, 그리고 의료 서비스 전반의 혁신을 주도하는 핵심 기술로 자리 잡아 가고 있다. 하지만 이러한 급진적인 기술 발전과 함께, 의료 현장에서는 AI의 활용과 관련된 여러 도전과제도 동시에 등장하고 있다.

의료진은 AI가 제공하는 방대한 데이터를 기반으로 한 분석 결과를 해석하고 적용하는 과정에서 그 어느 때보다 높은 전문성과 판단력을 요구받고 있으며, 데이터 보안, 개인정보 보호, 그리고 윤리적 문제와 같은 새로운 쟁점들도 중요한 논의의 대상이 되고 있다. 또한, AI 시스템의 결정 과정과 결과에 대한 투명성을 확보하는 것은 의료의 신뢰성을 유지하는 데 필수적인 요소로 부각되고 있다.

AI와 미래 의사

미래의 의사는 AI 기술을 이해하고 활용하는 데 그치지 않고, 이를 통해 의료 서비스를 보다 인간적으로 만들 수 있는 방향으로 나아가야 한다. 기술이 발전할수록 인간의 역할은 더욱 중요하다. AI와 함께 일하는 의사, 그리고 AI 기술을 활용해 환자와 의료진의 삶을 개선하는 의사의 역할은 앞으로 다가올 인공지능 시대에 더욱 창의적이고 의미 있는 도전이 될 것이다. 이처럼 의료 AI의 발전은 단순히 기술적 성과를 넘어, 인간의 건강과 삶을 근본적으로 변화시키는 중요한 기회가 될 것이다.

이제 우리는 AI 알고리즘이 처방의 일부가 되는 시대를 맞이하고 있다. 의료 인공지능 혹은 미래 의학에 관심이 있는 독자들이 이러한 새로운 의료 환경을 이해하고 의료 AI와 관련된 논의에 관심을 가지기를 바라는 마음으로 이 책은 인공지능과 의학이 만나는 지점에서 발생하는 다양한 질문과 도전을 심도 있게 탐구하고자 한다. 각 장에서는 AI 기술의 원리와 실제 의료 현장에서의 적용 사례를 체계적으로 살펴보며, 그로 인한 의사의 역할 변화와 의료 서비스 패러다임의 전환을 다각도로 조망한다. 더불어, 기술적 한계와 극복 과제, 그리고 AI 활용에 따른 윤리적 · 법적 문제에 대해서도 구체적으로 논의함으로써, 독자들이 미래 의료 환경에 대해 폭넓게 이해할 수 있도록 돕는다.

궁극적으로 의료 AI는 의사와 환자 간의 관계뿐 아니라, 전체 의료 시스템의 구조를 근본적으로 재편할 잠재력을 지니고 있다. 이에 따라, 미래의 의사는 단순한 치료 제공자를 넘어서 AI와의 협업을 통해 최적의 치료법을 모색하고, 환자 중심의 혁신적인 의료 서비스를 실현하는 중요한 역할을 담당하게 될 것이다. 이 책이 독자들에게 이러한 변화의 흐름을 이해하고, 다가올 미래 의료 혁신을 선도하는 데 필요한 통찰과 역량을 제공하기를 기대한다.

참고문헌

Blumenthal, D. & Tavenner, M.(2010). The meaningful use regulation for electronic health records. *New England Journal of Medicine*, 363(6), pp.501–504.

Davenport, T. & Kalakota, R.(2019). The potential for artificial intelligence in healthcare. *Future Healthcare Journal*, 6(2), pp.94–98.

Esteva, A., et al.(2017). Dermatologist-level classification of skin cancer with deep neural networks. *Nature*, 542(7639), pp.115–118.

Gulshan, V., et al.(2016). Development and validation of a deep learning algorithm for detection of diabetic retinopathy in retinal fundus photographs. *JAMA*, 316(22), pp.2402–2410.

Jiang, F., et al.(2017). Artificial intelligence in healthcare: Past, present and future. *Stroke and Vascular Neurology*, 2(4), pp.230–243.

Kim, D. K., et al.(1998). MYCIN II: Design and implementation of a therapy reference with complex content-based indexing. Proceedings. *AMIA Symposium*, pp.175–179.

Morley, J., et al.(2020). The ethics of AI in health care: A mapping review. *Social Science & Medicine*, 260, 13172.

Shademan, A., et al. (2016). Supervised autonomous robotic soft tissue surgery. *Science Translational Medicine*, 8(337), 337ra64

Shortliffe, E. H.(1976). C*omputer-based medical consultations: MYCIN*. Elsevier.

Topol, E.(2019). Deep medicine: *How artificial intelligence can make healthcare human again*. Basic Books. 이상열 옮김(2020). 『딥메디슨』. 소우주.

U.S. Food and Drug Administration.(2020). Artificial intelligence and machine learning in medical devices. https://www.fda.gov/medical-devices/software-medical-device-samd/artificial-intelligence-and-machine-learning-software-medical-device

01
의료계에 부는 AI 열풍

바야흐로 의료 인공지능의 시대다. 인공지능이 의료계에 발을 들인 것은 단순한 기술 혁신을 넘어, 의료 패러다임을 바꾸는 시작이었다. 의사의 경험과 지식에 의존하던 전통적 의료 현장은, 이제 방대한 데이터를 분석하고 학습하는 AI와의 협력을 통해 새로운 가능성을 열고 있다. 그 첫걸음은 어떤 모습이었을까? AI가 의료 현장에 도입된 배경과 변화를 살펴본다.

AI와 1인 창업?

의료 인공지능의 도입 배경

의료계에서는 매일 엄청난 양의 데이터가 생성된다. 환자 진료 기록, 의료 영상, 혈액 검사, 유전자 정보 등 다양한 데이터가 무수히 생성되지만, 이를 효과적으로 분석하고 활용하는 데는 한계가 있었다. 빅데이터 기술의 발전은 이러한 의료 데이터를 구조화하고 활용하는 데 중요한 역할을 했다. 특히, 전자 의료 기록(Electronic Medical Record, EMR) 시스템은 AI가 학습할 수 있는 방대한 자료를 제공하며 의료 AI 도입의 초석이 됐다.

이러한 빅데이터와 의료의 결합 말고도, 컴퓨팅 파워(Computing power)의 발전 또한 의료 인공지능의 도입과 발전에 큰 역할을 했다. 의료 인공지능에 흔하게 사용되는 딥러닝(Deep Learning) 기술은 대규모 데이터를 처리할 수 있는 높은 계산 능력이 있어야 하는데, 그래픽 처리 장치(Graphic Processing Unit, GPU) 및 클라우드 컴퓨팅 기술의 발전으로 이러한 제약이 크게 줄어들었다.

디지털 헬스케어(Digital Healthcare)와 사물 인터넷(Internet of Things, IoT) 기술의 확산도 의료 인공지능의 본격적인 도입을 크게 앞당기는 데 기여했다. 웨어러블 기기와 IoT 기술을 통해 환자의 의료 데이터를 실시간으로 수집하고 분석할 수 있는 환경이 제공됐고, 이는 예방적 의료와 환자 관리에 AI를 활용할 수 있는 가능성을 열었다. 예를 들어, 스마트워치는 심박수, 혈압, 운동량 데이터를 기록하고, AI는 이를 분석해 이상 신호를 탐지하거나 건강 상태를 예측한다.

이렇게 여러 기술적인 발전들과 변화들이 의료 인공지능의 도입에 기여했다. 하지만, AI의 도입이 단순히 혁신적인 변화만을 의미하지 않는다. 초기에는 과도한 기대와 함께 기술적, 윤리적 도전들이 수면 위로 떠올랐다. AI의 도입이 의료계에 불러온 반응과 초기 변화를 살펴보자.

AI가 의료계에 가져온 초기 반응과 변화

AI는 초기 단계에서 영상의학(radiology) 및 병리학(pathology) 분야에서 큰 성과를 나타냈다. 이러한 성과의 바탕에는 패턴 인식 능력이 중심을 이뤘다.

AI 기술의 패턴 인식 능력은 특히 영상 데이터의 분석에서 뛰어난 효율성과 정확성을 보여 주었다. 영상의학 분야에서는 방대한 양의 의료 영상 데이터를 신속히 처리하고, 질병을 조기에 진단하는 데 기여했다. 예를 들어, 폐암, 유방암, 뇌출혈 등 다양한 질병의 진단에서 AI는 의사의 진단 보조 역할을 하며, 진단 정확도를 크게 향상시켰다.

병리학 분야에서도 AI의 역할은 점차 확대됐다. 현미경 슬라이드 이미지를 분석하는 데 AI를 활용하니 병리학자가 수작업으로 판독하는 데 소요되는 시간을 단축할 수 있을 뿐 아니라, 미세한 세포 변화까지 놓치지 않는 정밀한 분석이 가능했다. 이는 암의 병기 구분, 예후 예측, 맞춤형 치료 계획 수립에 중요한 데이터를 제공함으로써 의료의 질을 향상시켰다.

하지만 AI의 도입 초기에는 의료 현장에서 다양한 도전과 우려가 제기되기도 했다. 의료진은 AI의 진단 결과를 신뢰할 수 있을지에 대한 의문을 가졌고, 일부는 AI가 의료진의 역할을 대체할 것이라는 두려움을 표현했다. 또한, 데이터의 품질과 윤리적 문제, AI 모델의 불투명성 등 여러 문제가 논의됐다.

이러한 초기 우려에도 불구하고, AI는 의료진과 환자 모두에게 점진적인 신뢰를 얻으며 보조적 도구로 자리잡아 가고 있다. AI는 의료진이 반복적이고 시간이 많이 소요되는 작업에서 벗어나 환자와의 상호작용 및 치료 계획 수립에 더 집중할 수 있도록 지원하고 있다.

현재는 영상의학과 병리학 외에도 임상 의사결정 지원(Clinical Decision Support, CDS), 약물 개발, 환자 모니터링 등 다양한 분야로 AI의 활용 영역이 확장되고 있다. 이는 의료계가 AI를 단순한 기술 도구가 아닌, 의료 시스템 혁신의 필수적인 요소로 점점 더 인식하고 있음을 보여 준다.

초기의 도전과 한계

AI가 의료계에 도입되는 초기 단계에서 여러 도전과 한계가 나타났다. 큰 문제 중 하나는 학습 데이터의 품질과 다양성 부족이었다. AI 모델은 대규모의 고품질 학습 데이터에 의존하지만, 의료 데이터는 종종 편향되거나 불완전하며, 병원 간 데이터 포맷이 달라 일관된 학습이 어렵다는 문제가 있었다. 그렇기에, 이처럼 특정 인종, 성별, 나이대에 편향된 데이터를 기반으로 학습된 의료 AI 모델을 전체 환자 집단을 대상으로 사용하기에는 진단과 치료 과정에서 정확성과 공정성이 떨어질 위험이 있었다.

또한 AI 모델의 불투명성 문제는 의료진과 환자 모두에게 우려를 불러일으켰다. AI가 도출한 진단 결과나 권고 사항이 어떤 근거로 나온 것인지 명확히 설명하기 어렵기 때문에, 의료진이 AI의 판단을 신뢰하거나 이를 환자에게 설득하는 데 어려움이 있었다. 이는 특히 생명과 건강이라는 중요한 가치를 다루는 의학적 결정에서 중요한 걸림돌로 작용했다.

법적 및 윤리적 문제도 초기 도전 과제로 부각됐다. AI가 진단 오류를 범할 경우, 그 책임이 누구에게 있는지에 대한 문제처럼 명확하지 않은 상황들이 발생할 가능성이 있었다. 더불어, 환자의 의료 데이터를 활용하는 과정에서 발생할 수 있는 개인정보 보호 문제도 의료계에서 지속적으로 논의됐다.

의료진의 저항과 불신도 초기 도전 중 하나였다. AI 기술이 의료진의 역할을 대체할 것이라는 두려움과 함께, 새로운 기술을 도입하고 학습해야 하는 부담감이 의료진들 사이에서 거부감을 형성하기도 했다. 일부 의료진은 AI가 단순히 보조 도구에 그칠 뿐, 사람의 판단을 대체할 수 없다는 입장을 강하게 표명하기도 했다.

마지막으로, 경제적 및 기술적 제약도 초기 도입의 주요 한계로 작용했다. AI 시스템을 개발하고 병원에 도입하는 데 드는 비용이 상당했으며, 이를 운영하기 위한 인프라와 기술적 역량이 부족한 의료 기관도 많았다.

이와 같은 도전과 한계에도 불구하고, 의료계는 점진적으로 AI의 잠재력을 인식하며 이러한 문제를 해결하기 위한 노력에 나서고 있다.

변화의 흐름과 전망

이처럼 AI는 의료 분야에서 빠르게 발전하며 다양한 변화를 이끌고 있다. 초기에는 영상의학과 병리학 분야에서 두각을 나타냈지만, 현재는 진단, 치료, 환자 관리 등 의료 전반에 걸쳐 그 활용 범위가 확장되고 있다. AI가 앞으로 의료계에 가져올 변화를 살펴보자.

첫째, 질병의 진단 및 예측 기술의 발전이다. 현재에도 AI는 방대한 의료 데이터를 분석하여 질병의 조기 진단과 예측에 적극 활용되고 있다. 특히, 앞으로는 암과 심혈관 질환처럼 조기 진단 및 예방이 중요한 심각한 질병의 진단에 크게 기여할 것이다.

둘째, 의료 AI로 인해 개인 맞춤형 의료의 시대가 앞당겨질 것이다. AI는 환자의 유전 정보, 생활 습관, 의료 기록 등을 종합적으로 분석하여 개인별 맞춤형 치료법을 제시하는 데 사용되고 있는데, 이는 개인 맞춤형 치료를 제시하여 치료 효과를 극대화하고 부작용을 최소화하는 데 큰 도움이 된다.

셋째, 의료 시스템의 효율성 증대다. AI는 의료 행정 업무 자동화, 환자 모니터링, 원격 진료 등에서 활용돼 의료 서비스의 효율성을 높인다. 예를 들어, AI 기반 가상 비서는 개인화된 건강 조언, 약물 알림, 정신 건강 지원 등을 제공하여 환자 관리에 혁신을 가져오고 있다.

넷째, 의료 AI 적용 분야의 지속적인 확대다. 특히, 신약 개발, 재활 치료, 정신 건강 관리 등 다양한 의료 영역에서 AI의 잠재력이 주목받을 것이다. 그러나 데이터 보안, 윤리적 문제, 규제 마련 등 해결해야 할 과제도 남아 있기에, 기술 발전과 함께 이러한 이슈에 대한 지속적인 논의와 대응이 필요하다.

이처럼 AI는 의료 분야에서 전반적인 혁신을 주도하며, 환자 치료의 질 향상과 의료 시스템의 효율성 증대에 크게 기여할 것이다.

참고문헌

Lee, J. H., et al.(2018). 의료 인공지능의 현황과 미래. ≪대한영상의학회지≫, 69(2), 125-132쪽.

Esteva, A., et al.(2017). Dermatologist-level classification of skin cancer with deep neural networks. *Nature*, 542, pp.115-118.

Jiang, F., et al.(2017). Artificial intelligence in healthcare: Past, present and future. *Stroke and Vascular Neurology*, 2(4), pp.230-243.

Rajkomar, A., et al.(2019). Machine learning in medicine. *New England Journal of Medicine*, 380(14), pp.1347-1358.

Topol, E.(2019). *Deep medicine: How artificial intelligence can make healthcare human again*. Basic Books. 이상열 옮김(2020). 『딥메디슨』. 소우주.

Topol, E.(2019). High-performance medicine: The convergence of human and artificial intelligence. *Nature Medicine*, 25, pp.44–56.

Wang, F. & Preininger, A.(2019). AI in health: State of the art, challenges, and future directions. *Yearbook of medical informatics*, 28(1), pp.16–26.

02
의료 AI의 핵심: 데이터와 알고리즘

의료 인공지능(AI)의 발전은 의료 데이터와 알고리즘에 뿌리를 두고 있다. AI가 의료 분야에서 혁신을 일으킬 수 있는 이유는 방대한 의료 데이터와 이를 분석할 수 있는 정교한 알고리즘 덕분이다. 본 장에서는 의료 AI의 핵심 요소인 데이터와 알고리즘의 중요성을 살펴보고, AI가 의료 데이터를 활용하여 유의미한 인사이트를 도출하는 과정을 설명한다.

AI와 MBTI?

의료 데이터에 대한 이해

데이터는 AI의 연료와 같다. 의료 데이터는 전자 의료 기록(EMR), 의료 영상, 유전체 데이터, 웨어러블 기기에서 수집되는 데이터 등 다양한 형태로 존재하며, 이는 AI 알고리즘이 학습하고 분석할 수 있는 자료와 연료가 된다. 의료 데이터는 다른 데이터들과 다르게 가지는 특성이 있는데, 이를 정확히 이해하는 것이 의료 인공지능의 발전을 이해하는 핵심이 된다.

먼저, 의료 데이터의 종류와 다양성을 이해해야 한다. 의료 데이터 중 핵심은 EMR로, 환자의 병력, 진단, 처방 기록 등 진료와 치료에 필요한 모든 정보를 종합한 데이터 집합이다. 이러한 EMR은 AI가 진단 및 치료 계획을 수립하는 데 중요한 역할을 한다. 예를 들어, 미국의 헬스케어 기업 에픽시스템즈(Epic systems)는 대형 병원 네트워크에서 EMR 데이터를 AI로 분석하여 환자의 상태를 예측하는 서비스를 제공한다.

의료 영상 또한 중요한 의료 데이터다. X-ray, MRI, CT 등 의료 영상은 진단 보조 AI의 핵심 데이터다. 예를 들어, 의료 영상을 분석해 질병을 진단하는 알고리즘을 개발하는 국내 의료 AI 기업 뷰노(VUNO)의 뷰노메드(VUNO Med) 모델은 대표적으로 X-ray 영상을 분석해 폐질환 여부, 뼈 나이(Bone age) 등을 예측한다. 해외에서는 구글(Google)의 딥마인드(DeepMind)에서 의료 영상 데이터를 활용해 안과 질환을 조기에 진단할 수 있는 AI를 개발하기도 했다.

유전체 데이터는 개인 맞춤형 의료를 가능하게 하는 핵심 자원으로, AI는 유전체 데이터를 분석해 질병의 원인을 파악하거나 치료제를 개발하는 데 사용될 수 있다.

최근에는 이러한 여러 종류의 의료 데이터를 스마트워치와 같은 웨어러블 기기를 통해 실시간으로 수집하고 모니터링하는 것이 용이해졌다. 실시간으로 심박수, 혈압 등의 데이터를 수집해 AI가 개인 건강 상태를 모니터링하도록 돕는 것이다.

이처럼 기술의 발전으로 인해 방대한 양의 의료 데이터를 수집하는 것이 과거에 비해 훨씬 용이해진 것은 사실이다. 하지만, 아무리 방대한 데이터를 확보하더라도 수집된 데이터의 품질이 낮으면 AI의 성능도 떨어진다. 정확성, 완전성, 일관성이 보장된 데이터만이 AI가 유의미한 결과를 도출하도록 한다. 예컨대, 데이터 누락(Missing data)이나 노이즈(Noise)는 모델의 성능을 저하시킬 수 있다. 따라서 데이터 전처리는 의료 AI 개발에서도 필수 과정이다.

데이터의 질과 전처리

의료 데이터는 본질적으로 매우 복잡하고 민감하다. 따라서 신뢰할 수 있는 AI를 구축하기 위해서는 데이터의 질을 보장해야 한다. 좋은 품질의 의료 데이터는 다음과 같은 조건을 충족해야 한다.

먼저, 정확성이다. 의료 데이터는 진단, 처방, 검사 결과 등의 정보가 포함되며, 이 모든 데이터가 정확해야 한다. 잘못된 데이터는 잘못된 학습 결과를 초래한다. 예를 들어, EMR에 잘못 입력된 환자의 약물 알레르기 정보는 AI가 잘못된 치료 결정을 내리게 만들 수 있다.

다음으로, 완전성이다. 누락된 정보는 AI가 올바른 패턴을 학습하지 못하게 만든다. 데이터의 불완전성은 특히 다차원적인 의료 데이터를 다룰 때 큰 문제로 작용한다. 지속적으로 추적 관찰하는 환자의 혈압 데이터가 누락된 경우, AI는 심혈관 질환의 위험성을 제대로 예측할 수 없다.

셋째, 일관성이다. 데이터의 일관성이 없으면 분석 결과가 왜곡될 수 있다. 의료 데이터는 병원, 의료진, 기기에 따라 다른 형식으로 기록되기 때문에 표준화가 중요하다. 만약 한 병원에서는 혈압 단위를 mmHg로 기록하고, 다른 병원에서는 kPa로 기록할 경우 AI가 이를 통합 분석하는 데 어려움이 발생한다.

마지막으로 대표성이다. 데이터는 AI가 목표로 하는 인구를 충분히 대표해야 한다. 데이터가 특정 연령, 성별, 인종에 편중돼 있으면, AI가 특정 집단에 대해 부정확한 결과를 낼 가능성이 크다. 피부암 진단 AI가 주로 백인 환자의 데이터를 기반으로 학습된 경우, 유색 인종에 대한 진단 정확도가 떨어질 수 있다.

하지만, 위와 같은 특성들을 가지는 고품질 데이터 확보 과정은 많은 시간과 자원을 요구한다. 또한, 의료 데이터는 병원마다 다른 형식과 표준을 사용하므로, 이를 통합하고 표준화하는 데 어려움이 있다. 따라서 의료 AI 모델 개발에서도 초기 데이터를 AI 모델 학습에 적합한 형태로 변환하는 전처리 과정이 필수적이다.

의료 데이터의 전처리 과정의 첫 번째 단계는 결측값 처리다. 결측값이란 데이터 세트(data set)에서 누락되거나 잘못 입력된 값으로, 의료 데이터에서 흔히 존재한다. 이러한 결측값을 무시하거나 잘못 대체하면 AI 모델이 왜곡된 학습을 할 수 있다.

다음 과정은 데이터의 정규화(Normalization)와 표준화(Standardization)이다. 의료 데이터는 다양한 단위를 포함하고 있어 이를 표준화하지 않으면 AI 모델이 잘못 학습할 수 있다. 예를 들어, 혈압 데이터와 혈당 데이터를 AI 모델에 입력할 때, 두 데이터의 단위가 다르면 비교와 분석에 오류가 발생할 수 있다. 이를 해결하기 위해 데이터의 정규화 또는 표준화를 적용한다. 정규화와 표준화 모두 데이터의 스케일(Scale)을 조정하는 방법으로, 정규화는 데이터를 특정 범위로 변환하여 범위를 일치시키는 방법을 의미하며, 표준화는 평균을 0으로, 표준편차를 1로 변환하여 데이터를 조정하는 방법이다.

다음 단계는 데이터 레이블링(Data labeling)으로, 모델 학습에 사용되는 원시 데이터에 하나 이상의 레이블을 추가하여 모델에 대한 컨텍스트를 지정하는 단계다. 지도 학습(Supervised learning)에 필요한 의료 데이터는 반드시 정확하게 레이블링돼야 한다. 예를 들어, 폐암 진단 AI 모델을 개발한다고 가정해 보자. 추후 이 모델이 실제 환자의 폐 병변의 진단에 활용될 가능성을 생각하면, 지도 학습에 필요한 CT 영상 데이터에 '정상' 또는 '암'과 같은 정확한 레이블이 부착돼야 한다. 이처럼, 잘못된 레이블이 부착된 의료 데이터는 큰 문제를 일으킬 수 있기에 의료 데이터 레이블링은 높은 전문성이 요구된다. 따라서, 대부분의 경우 의사들에 의해 직접 수행돼야 한다. 이로 인해 다른 데이터 전처리 과정과 달리 비용과 시간이 많이 소요된다.

노이즈 제거 또한 중요한 과정이다. 의료 데이터는 측정 오류나 입력 오류로 인해 노이즈가 포함될 수 있다. 이러한 노이즈를 제거하지 않으면 AI 모델의 성능에 악영향을 미칠 수 있기에 적절히 제거해야 한다. 만일, 모델 학습을 위한 의료 데이터가 부족한 경우에는 데이터를 인위적으로 생성하거나 변형하여 데이터 양을 증가시킬 수 있다. 이러한 데이터 증강 과정은 특히 영상의학 데이터에서 많이 활용되는데, CT나 MRI 데이터를 회전, 확대, 축소하여 새로운 데이터 샘플을 생성하는 기법이다. 국내 의료 AI 기업 뷰노(VUNO)에서도 데이터 증강 기법을 활용해 소량의 의료 영상 데이터로 고성능 AI 모델을 구축하기도 했다.

알고리즘: 의료 데이터를 해석하는 도구

이렇게 수집된 의료 데이터들을 분석하고 예측하는 모델을 만들기 위해서는 AI 알고리즘이 핵심적인 역할을 한다. 기계 학습(Machine learning), 딥러닝(Deep learning), 강화 학습(Reinforcement learning) 등 다양한 알고리즘이 의료 분야에서 사용되고 있다.

가장 흔히 사용되는 '기계 학습'과 '딥러닝'에 대해 먼저 살펴보자. 기계 학습은 마치 기계가 과거 데이터를 바탕으로 패턴을 학습하고 예측을 수행하는 것처럼 구조화된 알고리즘으로, 머신러닝으로도 불린다. 대표적으로 Support Vector Machine(SVM)과 같은 모델이 기계 학습 알고리즘에 속한다.

딥러닝은 머신러닝의 하위 개념으로, 인공 신경망(Convolutional Neural Network, CNN) 구조를 기반으로 한 학습 알고리즘이다. 인공 신경망이란 기본적으로 노드와 네트워크로 구성되는데, 이는 결국 인간의 뇌세포 단위인 뉴런(Neuron)을 컴퓨터로 모델링한 것이다. 복수의 뉴런들을 2차원으로 배열하여 층(Layer)을 만들고, 이러한 층을 여러 개 연결시켜 놓은 것이 인공신경망이다. 딥러닝은 복잡한 의료 데이터를 분석하는 데 강력하다. 예를 들어, ResNet과 같은 딥러닝 모델은 피부암을 정확히 분류하는 데 활용되고 있다.

강화 학습은 보상을 극대화하는 방향으로 학습하며, 의료 인공지능에서는 치료 프로토콜 최적화 등에 활용된다. 예를 들어, 미국 스탠퍼드(Stanford) 대학의 연구팀은 강화 학습 알고리즘을 활용해 중환자실(Intensive Care Unit, ICU) 환자의 약물 투여량을 최적화했다.

의료 AI에서 알고리즘의 신뢰도는 의료 현장에서 직

접 환자의 생명에 영향을 미칠 수 있으므로, 철저한 검증이 필요하다. 이를 위해 교차 검증, 외부 검증, 임상 시험 등이 시행된다. 실제로, 미국 식품의약국(Food and Drug Administration, FDA)은 최근 의료 AI 소프트웨어의 안전성과 효능을 검증하는 절차를 강화하고 있다.

의료 데이터와 알고리즘의 상호작용

지금까지 살펴본 의료 데이터와 알고리즘의 특성을 바탕으로 의료 AI를 구성하는 이 두 가지 축이 어떻게 상호작용하는지 알아보자. 데이터와 알고리즘은 독립적으로 존재할 수 없다. 데이터는 알고리즘이 학습할 수 있도록 공급되며, 알고리즘은 데이터를 통해 패턴을 찾아내고 인사이트를 제공하기 때문이다. 그러나 데이터의 편향성이 알고리즘의 편향성을 초래할 수 있다는 점에서 상호작용의 균형이 중요하다.

또한, 의료 AI의 발전을 위해서는 데이터와 알고리즘의 윤리적 고려가 필수적이다. 데이터는 민감한 개인정보를 포함하고 있으므로 안전하게 관리돼야 한다. 예를 들어, 유럽연합에서는 유럽연합 일반 데이터 보호 규정(General Data Protection Regulation, GDPR)이라는 데이터 보호를 강화하는 규정을 제정해 전 세계 의료 AI 기업에 영향을 미쳤다. 다음으로, 알고리즘의 결과는 의료진과 환자 모두에게 신뢰를 줄 수 있어야 한다. 그러기 위해서는 알고리즘이 어떤 데이터를 바탕으로 결과를 도출했는지 투명하게 공개하는 것이 중요하다. 그래야 의료진이 AI의 결과를 신뢰하고 의사 결정에 활용할 수 있기 때문이다.

마지막으로, 의료 AI의 발전을 위해서는 의료 데이터의 표준화와 상호 운용성을 확보하는 것이 중요한 과제다. 국가와 기관 간 의료 데이터의 표준이 서로 다르면 데이터 상호 공유와 활용이 어렵기 때문이다. 이러한 문제를 해결하기 위해 최근 국제 사회는 헬스 레벨 7(Health level 7, HL 7), 보건의료 상호 운용성 차세대 기술 표준(Fast Healthcare Interoperability Resources, FHIR)과 같은 국제적 의료 데이터 표준 지정을 위해 노력하고 있다.

참고문헌

류정원 외(2023). EU GDPR 위반 사례 토픽 분석 및 시사점 연구: 금융, 의료, 산업 및 상거래 부문을 중심으로, ≪한국전자거래학회지≫, 28(3), 1-25쪽.

장세민(2024.02.11). 뷰노, 흉부 CT 판독 AI로 'ECR 2024' 참가. ≪AI타임즈≫,

https://www.aitimes.com/news/articleView.html?idxno=157343

Duda, S. N., et al.(2022). HL7 FHIR-based tools and initiatives to support clinical research: a scoping review. *Journal of the American Medical Informatics Association : JAMIA*, 29(9), pp.1642–1653.

European Parliament(2016). General data protection regulation, https://gdpr-info.eu/

Google DeepMind(2022). Using AI to predict retinal disease progression, https://deepmind.google/discover/blog/using-ai-to-predict-retinal-disease-progression/

Hinton, G. & Dean, J.(2015). Deep learning. *Nature*, 521, pp.436–444.

Razzak, M. I., et al.(2019). Big data analytics for preventive medicine. *Neural Computing and Applications*, 31(5), pp.1381–1391.

Topol, E.(2019). *Deep medicine: How artificial intelligence can make healthcare human again*. Basic Books. 이상열 옮김(2020). 『딥메디슨』. 소우주.

VUNO Inc(2023). VUNOmed Chest X-ray, https://www.vuno.co/en/chest

03

AI와 진단: 패러다임의 변화

질병 진단은 의료에서 가장 중요한 과정이며, 그 정확성과 신속성이 환자의 치료 결과를 결정짓는 핵심 요소다. 전통적으로 진단은 임상 의사의 경험과 지식을 바탕으로 이뤄져 왔지만, 인공지능의 발전은 이 분야에 새로운 패러다임을 가져오고 있다. 의료 AI가 전통적 진단 방식을 어떻게 변화시키고 있는지 짚어 보고, 향후 발전 가능성을 전망한다.

AI와 난임 극복?

AI 기반 영상 진단의 발전과 전망

영상의학은 AI 기술이 빠르게 도입된 분야 중 하나다. CT, MRI, X-ray와 같은 영상 자료를 분석하는 과정은 방대한 데이터가 필요하며, 이는 AI가 학습하고 활용하기에 적합한 환경을 제공한다. AI는 영상 판독에서 의사가 놓칠 수 있는 미세한 병변을 탐지하고, 신속하고 정량적인 분석을 가능하게 하면서 진단의 효율성을 극대화하고 있다.

AI 기반 영상 진단 기술을 통해 예상되는 기대로는 우선 판독 속도 향상이 있다. 인간과 달리 AI는 몇 초 만에 방대한 영상 데이터를 분석할 수 있어, 판독 시간을 획기적으로 줄일 수 있다. 진단의 정확도 또한 개선될 것이다. AI는 미세한 병변을 탐지하는 데 탁월하며, 인간의 피로와 주관적 오류를 줄일 수 있다. 특히, AI가 영상의 1차 판독을 수행하고, 의사는 최종 결정을 내리는 방식을 통해 업무 효율성을 높일 수 있다. 이러한 과정을 통해 궁극적으로 조기 진단을 통해 불필요한 검사를 줄이고, 의료 비용을 절감할 수 있다.

하지만 AI를 통한 영상 판독 기술에는 한계점 또한 분명히 존재한다. 가장 중요한 것은 법적 및 윤리적 책임 문제다. 만약 AI가 오진을 내렸을 경우, 그 책임 소재가 명확하지 않다. 다음으로는 데이터 편향 문제다. AI 모델이 특정 인구 집단에서 학습된 경우, 다른 인종에서는 정확도가 떨어질 수 있다. 나아가, AI가 어떠한 근거에서 그러한 진단과 판독을 내렸는지 설명하기 어렵기에, 의료진이 이러한 AI의 판단 근거를 환자에게 설명하고 명확히 이해시키기 어렵다.

AI 기반 영상 판독 기술이 의료 진단의 패러다임을 변화시키고 있으며, 앞으로도 더욱 정교한 분석을 통해 의료 현장에서 중요한 역할을 할 것이다. 그러나 AI의 한계를 극복하기 위해서는 데이터의 품질을 개선하고, 의료진과 협력하는 방향으로 발전해야 한다.

AI 영상 진단의 핵심 기술

컴퓨터 비전(Computer vision)과 딥러닝(Deep-learning)의 기술이 AI를 활용한 영상 판독 기술의 발전을 이끌었다. 의료 영상 분석 AI는 주로 딥러닝의 합성곱 신경망(Convolutional Neural Network, CNN)을 이용해 영상을 해석한다. CNN은 AI 영상 분석의 핵심 기술로, 영상의 특정한 특징(Feature)을 추출하여 자동으로 패턴을 학습한다. AI가 진단에 필요한 병변의 크기, 모양, 경계를 분석할 수 있도록 도와주며, 이러한 특성은 폐암, 유방암, 뇌종양 등의 조기 진단에 활용된다.

전이 학습(Transfer learning) 또한 의료 영상 분석에 사용된다. 방대한 양의 의료 데이터를 처음부터 새롭게 학습하는 것은 어려운 일이다. 따라서, 기존에 학습된 모델을 활용하여 새로운 의료 데이터에 적용하는 기법이 전이 학습이다. 전이 학습으로 일반적인 영상 판독 모델을 학습한 후, 특정 질환을 추가 학습시키는 방식으로 모델 개발 시간을 단축할 수 있다.

세그멘테이션(Segmentation) 기법 또한 의료 AI에서 중요하게 활용된다. 세그멘테이션이란 특정 부위를 자동으로 구분하는 방법으로, 이를 통해 진단을 위해 필요한 병변을 정밀하게 분석할 수 있다. 진단을 위해 촬영된 환자의 흉부 CT 영상에서 세그멘테이션 기법을 이용해 폐 결절의 영역을 자동으로 분할하여 분석하고 크기 변화를 추적할 수 있다.

최근 주목받고 있는 멀티모달 영상 분석(Multi-modal imaging analysis) 또한 핵심 기술 중 하나다. 이는 X-ray나 CT와 같은 단일 영상 데이터만 분석하는 것이 아니라, 여러 종류의 영상을 함께 분석하여 더 정밀한 진단이 가능하게 한다. PET-CT의 동시 분석을 통해 암 조직의 대사 활동과 구조적 특징을 함께 평가하는 AI 시스템을 예로 들 수 있다.

AI 기반 영상 진단의 적용 분야

의료 AI를 통한 영상 진단에 가장 널리 활용되는 분야는 첫째, 흉부(Chest) 영상 진단이다. 흉부 X-ray, CT와 같은 영상에서 AI는 폐렴, 폐결핵, 폐암 등 다양한 폐질환을 신속하게 진단하는 데 활용되고 있다. 특히, 흉부 X-ray나 CT 영상에서 폐 병변을 탐지하는 AI 기술이 이미 임상에서 널리 활용되고 있다. 미국 국립보건원(National Institutes of Health, NIH)은 구글과 함께 AI 기반 폐암 조기 진단 모델을 개발했다. 이 AI 모델은 연구에서 영상의학과 전문의보다 더 높은 폐암 조기 발견율을 보여줬으며, 불필요한 조직 검사의 비율을 낮추는 데 기여했다. 국내에서도 의료 AI 기업 루닛(Lunit)에서 흉부 X-ray를 분석하여 폐 결절과 폐렴을 탐지하는 AI 모델을 개발했다. 이는 현재 실제 병원에서 사용되며, 의사의 판독 속도를 향상하는 데 기여하고 있다. 지난 2020년 코로나19(COVID-19) 대유행 당시, AI 기반 흉부 CT 분석 기술이 감염 여부를 신속하게 판별하는 데 활용됐다. 국내에서도 여러 대학병원 및 기업들에서 흉부 X-ray와 CT를 활용해 COVID-19 감염 위험도 예측하고 스크리닝하는 의료 AI 모델을 개발했고, 실제 중국에서는 AI 기반 CT 분석 시스템이 병원의 진단 프로세스를 자동화하여 의사 및 의료진의 업무 부담을 줄이는 데 사용됐다.

유방암 진단 분야에도 AI가 영상 판독에 중요한 역할을 하고 있다. 미국 매사추세츠 공과대학교(Massachusetts Institute of Technology, MIT) 연구진은 지난 2018년 AI를 활용해 유방암을 조기에 탐지하는 알고리즘을 개발했다. 연구 결과, AI는 기존의 유방 촬영술(Mammography)보다 조기암 발견율을 5~10% 향상시켰으며, 불필요한 조직 검사를 줄이는 데 기여했다. 마찬가지로, 국내 의료 AI 기업 뷰노(VUNO)에서도 유방암 영상 분석 AI를 개발하여 유방암 진단의 민감도를 향상시키는 연구를 진행하고 있다. 필자도 전남대학교병원 의료진과 함께 유방 MRI 영상과 딥러닝을 이용해 유방암의 전이 가능성과 병기(stage)를 예측하는 모델을 개발해 논문으로 발표했다. 이러한 의료 AI 진단 기술의 발전은 조기 발견이 중요한 유방암의 진단 및 치료 과정에서 미세석회화(Microcalcification)와 같은 작은 이상 소견을 조기에 감지할 수 있도록 도와주고, 영상의학과 전문의들 간의 판독 일관성을 향상시키는 데 기여한다.

뇌 MRI 및 CT 분석을 통해 뇌 질환을 진단하는 데에도

AI가 널리 활용되고 있다. 대표적으로 뇌졸중, 치매, 뇌종양과 같은 신경 질환을 진단하는 데 AI가 활용된다. 영국 소프트웨어 회사 브레이노믹스(Brainomix)가 개발한 AI 기반 뇌졸중 판독 시스템은 뇌출혈 여부를 즉각적으로 분석하여 의료진이 빠르게 치료 방향을 결정할 수 있도록 도와준다. 미국 하버드(Harvard) 의대 연구진은 AI 기반 뇌 영상 분석을 통해 알츠하이머병(Alzheimer's disease)을 조기에 감지하는 연구를 진행 중인데, 뇌 MRI 및 PET 스캔을 AI가 분석하여 뇌의 구조적, 기능적 변화를 탐지하여 알츠하이머병의 발병 예측이 가능했다.

최근에는 라디오믹스(Radiomics)를 통해 MRI 영상 데이터 정보를 수치화하여 연구에 활용하는 기법도 널리 사용되고 있다. 필자도 전남대학교병원과의 공동 연구를 통해 2022년 라디오믹스 기법과 머신러닝을 이용해 뇌 MRI 영상에서 뇌수막종(Meningioma)을 진단하는 AI 모델을 개발했다. 해당 모델은 현재 국제 유효성 확인(International validation) 절차를 준비 중이며, 향후 임상에서 뇌 MRI 영상을 바탕으로 뇌종양의 크기와 위치를 분석하여 정밀한 치료 계획을 세우는 데 활용될 것으로 기대한다.

X-ray, CT, MRI와 같은 의료 영상은 '의료용 디지털 영상 및 통신 표준(Digital Imaging and Communications in Medicine, DICOM)' 형식으로 저장된다. DICOM은 의료 영상 저장에서 가장 흔히 사용되는 표준으로, 의료 영상과 임상 데이터 정보를 함께 포함하고 있어 영상의학 진단 연구의 상세한 설명 자료를 만드는 데 사용된다. DICOM 사용을 통해 의료 영상과 환자의 임상 데이터를 단일 저장소에 수집 및 저장할 수 있고, 여러 의료 기기 및 소프트웨어 제조업체가 이 표준을 전폭적으로 지원하기에 상호 소통이 가능하다.

최근에는 AI를 이용해 심전도(Echocardiography, ECG)를 분석하는 연구도 적극적으로 이뤄지고 있다. AI는 부정맥을 조기에 감지하고, 심방세동과 같은 심장 질환을 예측하는 데 활용된다. 미국 기업 애플(Apple)의 애플워치(Apple watch)는 AI 기반 ECG 분석 기능을 도입해 사용자가 실시간으로 심장 건강을 모니터링할 수 있도록 지원하고 있다. 한인 2세 의사 제임스 민이 창업한 미국의 심혈관 영상판독 스타트업 클리어리(Cleerly)는 관상동맥 CT 영상까지 함께 분석하여 조기 발견이 중요한 심혈관 질환의 위험성을 평가하는 AI 솔루션을 개발했다.

병리학 진단에서의 AI 혁신

병리학은 세포 및 조직 샘플을 분석하여 질병을 진단하는 학문으로, 영상의학과 마찬가지로 AI가 큰 변화를 가져온 분야다. 특히, 디지털 병리 영상이 보편화되면서 AI가 병리학적 영상 데이터를 분석하는 기술이 빠르게 발전하고 있다.

대표적으로 암 진단에서 AI 진단 기술이 변화를 가져오고 있다. AI는 조직 샘플을 분석하여 암세포를 탐지하고, 종양의 유형 및 등급을 분류하는 데 도움을 준다. 예를 들어, 미국 뉴욕의 메모리얼 슬로언 케터링 암센터(Memorial Sloan Kettering Cancer Center)에서는 AI를 활용해 전립선암 병리 슬라이드를 분석하는 연구를 진행했으며, 연구 결과 AI의 진단 정확도는 병리과 전문의와 유사한 수준으로 나타났다. 국내에서도 의료 AI 기업 뷰노(VUNO)가 AI 기반 조직 병리 진단 솔루션을 개발하여 유방암 및 폐암 조직 샘플을 자동으로 분석하는 기술을 제공하고 있다.

이처럼 AI 기반 세포 검사 기술을 활용하면 세포학적 이상 여부를 자동으로 판별하여 병리과 의사들의 업무량을 줄이고 진단 정확도를 향상시킬 수 있다. 앞으로도 AI는 병리학적 분석의 속도를 향상시키면서도 의사의 역할을 보완하는 형태로 발전할 것이다. AI가 일차적으로 병리 샘플을 스크리닝하고, 병리과 전문의가 최종 검토를 수행하는 방식으로 협력적 접근이 의료 현장에서 새롭게 이뤄지고 있다.

참고문헌

Im, C.(2022). Medical student's artificial intelligence education and research experiences. *Korean Journal of Medical Education*, 34(4), pp.341-344.

Im, C., et al.(2022). Predicting underestimation of invasive cancer in patients with core needle biopsy diagnosed ductal carcinoma in situ using deep learning algorithms. *Tomography*, 9(1), pp.1-11.

Nam, J. G., et al.(2019). Development and validation of deep learning-based automatic detection algorithm for malignant pulmonary nodules on chest radiographs. *Radiology*, 290(1), pp.218-228.

Obermeyer, Z., & Emanuel, E. J.(2016). Predicting the future -Big data, machine learning, and clinical medicine. T*he New England Journal of Medicine*, 375(13), pp.1216-1219.

Shin, H. C., et al.(2016). Deep convolutional neural networks for computer-aided detection: CNN architectures, dataset characteristics and transfer learning. *IEEE transactions on medical imaging*, 35(5), pp.1285-1298.

Rajpurkar, P., et al.(2017). CheXNet: Radiologist-level pneumonia detection on chest x-rays with deep learning.

arXiv, arXiv: 1711.05225

Topol, E.(2019). *Deep medicine: How artificial intelligence can make healthcare human again*. Basic Books. 이상열 옮김(2020). 『딥메디슨』. 소우주.

04
AI와 치료: 맞춤형 의학

의료 기술의 발전과 함께 치료의 방식도 변화하고 있다. 특히 인공지능의 발전은 맞춤형 의학(Personalized medicine) 또는 정밀 의료(Precision medicine)의 개념을 구체화하고 있다. 이는 환자 개인의 유전자, 생활 습관, 환경적 요인을 고려한 치료 전략 수립을 가능하게 한다. AI가 맞춤형 의학에서 어떻게 활용되는지, 오믹스(Omics) 기술과의 접목이 가져온 혁신, 그리고 실제 사례와 연구를 기반으로 한 적용 방안을 살펴본다.

AI와 사주?

AI와 맞춤형 의학의 개념

맞춤형 의학(Personalized medicine) 또는 정밀 의료(Precision medicine)는 개별 환자의 특성을 고려하여 최적화된 치료를 제공하는 방식이다. 기존의 의료가 질병 중심의 표준화된 접근 방식을 따랐다면, 맞춤형 의학은 환자의 유전적 특징, 생체 지표, 환경적 요인 등을 종합적으로 분석하여 가장 효과적인 치료법을 제안한다. AI는 이러한 맞춤형 치료를 실현하는 데 필수적인 기술로 자리 잡고 있으며, 방대한 양의 데이터를 분석하고 패턴을 찾아내는 데 강점을 보인다.

맞춤형 의학 및 정밀 의료에서 최근 강조되는 의료정보학 개념인 '오믹스(Omics)' 기술은 '덩어리', '전체'라는 뜻을 지니는 영어 접미사 '옴(-ome)'에서 어원이 유래됐다. '전체'를 나타내는 어원처럼 유전체학(Genomics), 전사체학(Transcriptomics), 단백질체학(Proteomics) 등 생명과학의 다양한 분야에서 데이터를 통합적으로 분석하는 접근법이다. 이러한 오믹스 데이터는 환자의 유전적 특성을 분석하고 질병의 진행 과정을 예측하는 데 활용된다. AI는 이러한 데이터를 효과적으로 처리하고 연관성을 분석하여 질병의 진단 및 치료 방향을 제시하는 데 기여한다. 예를 들어, 유전체 분석은 맞춤형 의학의 핵심 요소 중 하나로, 특정 질병에 대한 유전적 요인을 밝혀내고 개별 환자에게 최적화된 치료법을 제공하는 데 활용된다. AI는 유전체 데이터에서 유의미한 패턴을 찾아내고, 특정 유전자 변이와 질병 간의 관계를 분석해 치료 전략을 세우는 데 중요한 역할을 한다.

이러한 AI 기반 맞춤형 의학이 가장 활발하게 적용되는 분야 중 하나는 암 치료다. 인공지능을 이용한 유전체 분석을 통해 특정 항암제가 효과적인 환자군을 식별할 수 있다. 반대로, AI를 이용해 환자의 암세포에서 종양 유전체 데이터를 분석하여 환자별로 가장 효과적인 치료법을 추천하는 데 사용되기도 한다. 한 예로, 미국의 한 연구에서는 AI를 이용해 유방암 환자의 유전자 변이를 분석하고 특정 치료제가 효과적인 환자를 예측하는 데 성공한 바 있다.

AI 기반 맞춤형 치료의 적용

신약 개발 과정은 AI 기반 맞춤형 치료가 적용되는 대표적인 사례다. 전통적인 신약 개발 과정은 평균 10~15년의 시간이 걸리며, 막대한 비용이 소요된다. 하지만 AI는 방대한 생물학적 데이터를 분석하여 신약 후보 물질을 탐색하고, 특정 환자 그룹에 맞는 맞춤형 치료제를 개발하는 데 기여하고 있다. 예를 들어, 딥러닝 알고리즘을 활용하여 단백질 구조를 예측하고 신약 후보 물질을 발굴하는 연구가 활발히 진행되고 있다.

AI는 의료 영상 분석을 통해 환자의 질병 상태를 정밀하게 파악해 치료하는 데 활용된다. 예를 들어, AI는 CT, MRI, PET 스캔 데이터를 분석하여 환자의 종양 크기 변화를 추적하고, 치료 반응을 실시간으로 평가하는 데 활용될 수 있다. 특히, 암 환자의 방사선 치료 과정에서 AI 기반 분석은 종양의 변화를 지속적으로 관찰하고 맞춤형 치료 계획을 수립하는 데 이바지한다.

환자 맞춤형 치료 반응 예측 모델을 개발하는 데에도 AI가 중요한 역할을 하고 있다. 머신러닝 알고리즘을 활용하여 환자의 과거 의료 데이터를 분석하고, 특정 치료법에 대한 반응을 예측하는 모델을 구축할 수 있다. 이를 통해 의료진은 환자 개개인에게 최적화된 치료 전략을 수립할 수 있다. 예를 들어, 당뇨병 환자의 혈당 변화를 예측하는 AI 모델은 환자별 맞춤형 치료 계획을 제공하는 데 활용될 수 있다.

AI 기반 정밀 의료의 한계와 과제

맞춤형 의학에서 AI의 역할이 점점 더 확대되고 있지만,

여전히 해결해야 할 과제들이 산적해 있다. 데이터의 편향성, 개인정보 보호 문제, 알고리즘의 신뢰성, 의료 현장에서의 실질적 적용 가능성 등이 주요한 도전 과제로 떠오르고 있다. AI 기반 정밀 의료의 핵심은 다양한 생물학적, 환경적, 생활 습관적 요인을 반영하여 환자 개개인에게 최적화된 치료법을 제공하는 데 있다. 유전체 분석, 신약 개발, 의료 영상 분석 등 여러 분야에서 AI는 혁신적인 역할을 수행하고 있으며, 특히 정밀 의료의 발전을 가속화하는 데 기여하고 있다. 하지만 이러한 기술이 실질적인 의료 현장에서 안전하고 효과적으로 사용되기 위해서는 몇 가지 중요한 문제를 해결해야 한다.

첫째, 데이터의 편향성과 신뢰성 문제다. AI가 제공하는 예측 모델이 높은 정확도를 갖추려면 다양한 인구 집단을 아우르는 방대한 데이터를 확보해야 한다. 그러나 현재 의료 데이터는 특정 인종, 성별, 연령층, 사회 · 경제적 배경을 가진 사람들에게 편향된 경우가 많다. 이는 AI의 의사결정 과정에서 불공정한 결과를 초래할 수 있으며, 특정 환자 집단에 대해 부정확한 진단과 치료를 제시할 위험이 있다. 따라서 정밀 의료 AI의 신뢰성을 높이기 위해서는 데이터의 균형을 맞추고, 다양한 환자군을 포함하는 학습 데이터 세트(Data set)를 구축하는 노력이 필요하다.

둘째, 개인정보 보호 및 윤리적 문제가 대두된다. 의료 AI는 방대한 환자 데이터를 학습하여 작동하는 만큼, 데이터 보안과 프라이버시 보호가 필수적이다. 민감한 의료 정보가 유출될 경우 환자의 사생활이 침해될 위험이 있으며, 데이터 활용 방식에 대한 윤리적 논란도 불가피하다. 이를 해결하기 위해 데이터 익명화(Anonymization), 분산 학습(Federated learning), 블록체인 기반 의료 데이터 관리 등 새로운 기술이 도입되고 있지만, 여전히 법적 · 제도적 정비가 필요한 상황이다.

셋째, 의료진과 AI의 협업 방안이 중요하다. AI는 빠르고 정밀한 분석을 수행할 수 있지만, 최종적인 의사결정은 여전히 의료진의 몫이다. AI 기반 시스템이 효과적으로 활용되기 위해서는 의료진이 AI의 분석 결과를 이해하고 해석할 수 있어야 하며, AI가 의료진의 진료 과정에 실질적으로 기여할 수 있는 형태로 개발돼야 한다. 따라서 AI 기술을 의료 현장에서 효율적으로 통합하는 방안과 의료진을 대상으로 한 AI 교육 및 활용 능력 향상 프로그램이 필요하다.

넷째, AI의 법적 · 제도적 인정과 책임 문제다. AI가 제공한 진단이나 치료 계획이 부정확했을 경우, 이에 대한 책임은 누구에게 있는가? AI 개발자, 병원, 의료진 모두 법적 책임을 공유할 가능성이 있지만, 아직 명확한 가이드라인이 마련되지 않았다. 또한, AI가 의료 행위를 보조하는 역할을 넘어 독립적으로 진단과 치료를 수행할 경우, 이를 법적으로 의료 행위로 인정할 것인지에 대한 논의도 필요하다.

이러한 한계에도 불구하고, AI는 맞춤형 의학의 핵심 기술로 자리 잡아 가고 있으며, 환자의 유전체 정보를 분석하여 최적의 치료법을 제시하고, 신약 개발을 가속화하며, 의료 영상 분석을 통해 보다 빠르고 정확한 진단을 가능하게 하는 등 의료 전반에서 혁신을 이끌고 있다. 하지만 AI 기반 의료 기술이 널리 활용되고 신뢰를 얻기 위해서는 데이터 품질 관리, 윤리적 문제 해결, 의료진과 AI의 협력 모델 구축, 법적 · 제도적 정비 등의 노력이 지속적으로 이뤄져야 한다. AI가 의료 혁신의 중심에 서기 위해서는 단순한 기술 발전을 넘어 실질적인 의료 환경과 사회적 요구를 반영한 포괄적인 접근이 필요하다.

참고문헌

김재겸(2024) Living in the era of artificial intelligence(AI): 오믹스 데이터 분석 및 활용. ≪한국미생물 · 생명공학회 웹진≫

http://www.e-bioindustry.or.kr/webzine/2024_06/content/sub02/sub02_02.php

동아닷컴(2023.12.08). 오믹스 데이터와 인공지능 접목으로 신약 물질 발굴하는 '메디리타'. ≪동아일보≫, https://www.donga.com/news/It/article/all/20231208/122547912/1

서울대학교병원(2019). 『다중 오믹스-임상정보 통합을 통한 정밀의학 플랫폼 구축』. 과학기술정보통신부.

이우상(2023.05.08). 다중오믹스-의료 빅데이터 기반 정밀의료 플랫폼. ≪한국경제≫, https://www.hankyung.com/article/202305026529i

홍준기(2025.02.20). 암과의 전쟁에 'AI 히포크라테스' 참전했다. ≪조선일보≫, https://www.chosun.com/economy/weeklybiz/2025/02/20/TQQEJHTN4JG4POYJDWBHRCDFTE/

Cammarota, G., et al.(2020). Gut microbiome, big data and machine learning to promote precision medicine for cancer. *Nature reviews*. Gastroenterology & hepatology, 17(10), pp.635-648.

Collins, F. S., et al.(2015). A new initiative on precision medicine. *The New England journal of medicine*, 372(9), pp.793-795.

Schork, N. J.(2015). Personalized medicine: Time for one-person trials. *Nature*, 520(7549), pp.609-611.

Shao, Y., et al.(2024). Artificial intelligence-driven precision medicine: Multi-omics and spatial multi-omics approaches in diffuse large B-cell lymphoma. *Frontiers in bioscience*, 29(12), p404.

Zhao, J., et al.(2022). Integration of omics and phenotypic data for precision medicine. *Methods in molecular biology*, 2486, pp.19-35.

05
AI와 의료 윤리: 도전 과제

의료는 인간의 생명과 건강을 다루는 분야로 높은 윤리적 기준이 요구된다. 최근 AI 기술이 의료 분야에 도입되면서 환자의 진단, 치료 및 관리 분야에서 혁신적인 변화가 일어나고 있다. 하지만, 이러한 발전과 함께 윤리적 문제도 발생하고 있다. 의료 AI의 윤리적 도전 과제와 그 해결 방안을 탐구한다.

AI와 아이돌?

의료 윤리

의료 윤리 원칙이란 현대 의료 윤리의 핵심 개념으로 널리 사용되며 비첨(Beauchamp)과 칠드리스(Childress)가 제안한 원칙주의(Principlism)에 기반을 둔 개념이다. 이는 의료의 질을 관리하고 환자에게 최선의 치료를 제공하기 위해, 의사를 포함한 의료진이 의업에 종사할 때 지켜야 하는 윤리 규범으로 4가지 원칙이 존재한다. 자율성 존중의 원칙, 악행 금지의 원칙, 선행의 원칙, 정의의 원칙이다.

첫째, 자율성 존중의 원칙(Respect for autonomy)은 환자는 자신의 치료와 건강에 관한 결정을 내릴 권리가 있다는 것이다. 이에 의료인은 환자가 충분한 정보를 바탕으로 독립적인 결정을 내릴 수 있도록 돕고, 이를 존중해야 한다. 이를 실현하기 위해 현장에서 의료진은 환자들에게 설명을 기반으로 한 동의(Informed consent)를 반드시 받아야 하며, 비자발적인 강요나 정보의 왜곡 없이 치료 방법을 설명해야 한다.

둘째, 악행 금지(Non-maleficence)의 원칙은 의료 행위는 환자에게 해를 끼치지 않아야 한다는 원칙이다. 이는 히포크라테스 선서문 중 '나는 환자에게 해를 끼치지 않겠다'는 말과 미국 예일(Yale) 의대 교수 워딩턴 후커

(Worthington Hooker)가 그의 저서 『의사와 환자(Physician and patient)』에 남긴 라틴어 문장 '프리뭄 논 노체레(Primum non nocere, 영어로는 First, Do no harm)'로 대표된다. 악행 금지 원칙을 지키기 위해 의료진은 불필요한 검사를 하거나, 치료 효과보다 부작용이 심각한 치료를 시행하지 않아야 한다.

셋째, 선행(Beneficence)의 원칙이란 의료인은 환자의 건강과 복지를 최우선으로 고려하여 최선의 이익을 제공해야 한다는 것이다. 이는 단순히 해를 끼치지 않는 것을 넘어, 환자에게 이로운 결과를 가져오는 것을 목표로 한다는 점에서 악행 금지의 원칙과 차이가 있다. 선행의 원칙을 지키기 위해 의료진은 의료 현장에서 환자에게 최선의 치료법을 제시하고, 예방적 의료 조치를 시행하는 것이다.

넷째, 정의(Justice)의 원칙이란 의료 자원은 공정하고 공평(Equity)하게 분배돼야 한다는 것이다. 이에 따라 의료진은 환자 간의 차별 없이 공정한 치료를 제공해야 하며, 사회적, 경제적 배경에 따라 의료 접근성이 차별받지 않도록 해야 한다. 이에 따라 의료진은 응급실과 같은 의료 현장에서 경증 환자보다 중증 환자를 우선 치료하고, 의료보험 체계에 맞춰 공정하게 진료한다.

이러한 의료 윤리의 4대 원칙은 복잡한 의료 현장에서 흔히 서로 충돌할 수 있다. 예를 들어, 말기 환자의 연명 치료 중단 문제에서 자율성의 원칙에 따라서 환자의 선택에 따라 치료를 중단할 것인가, 아니면 선행의 원칙에 따라 환자에게 의학적으로 제공할 수 있는 최선의 치료를 계속 제공할 것인가 하는 딜레마가 발생할 수 있다. 따라서 의료 윤리적 의사 결정에서는 각 원칙을 균형 있게 고려해야 한다.

의료 AI의 발전으로 의료 상황에서 발생하는 윤리적 딜레마와 문제들을 해결하는 데 도움을 받을 수도 있겠지만, 새로운 의료 윤리 문제들 또한 생겨나고 있다. 대표적인 문제로는 개인정보 보호, 알고리즘의 공정성과 책임성, 그리고 의료의 가치 보존 문제가 있다.

윤리적 문제와 해결 방안

의료 AI 시스템 개발에는 방대한 의료 데이터가 필요하다. 하지만 환자의 민감한 의료 정보를 수집하고 분석하는 과정에서 환자의 프라이버시를 침해할 위험이 크다. 예를 들어, 2018년 구글(Google) 딥마인드(DeepMind)와 영국 국민 보건 서비스(National Health Service, NHS) 간의 협력에서 환자 데이터 사용에 대한 적절한 동의 절차가 부족했던 사례는 의료 AI 개발 과정에서 개인정보 보호의 중요성을 강조하는 계기가 됐다. 이러한 문제를 해결하기 위해서는 강력한 데이터 보호 정책과 기술적 보안 조치가 필요하다. 개인정보 보호를 위해 환자의 동의 기반 데이터 사용 원칙을 확립하고, 데이터 암호화 및 익명화 기술을 활용하는 것이 중요하다. 또한, 국가별 의료 데이터 보호법을 준수하고 필요하다면 환자가 자신의 의료 데이터를 직접 통제하도록 하는 등 제도적 보완이 필요하다.

AI 알고리즘은 학습된 데이터에 따라 의사결정을 내린다. 하지만 훈련 데이터가 특정 인종, 성별, 경제적 배경을 반영하지 못할 경우, 알고리즘이 편향된 결정을 내릴 수 있다. 이로 인해 의료 AI 알고리즘의 공정성과 편향성 문제가 발생한다. 2019년 미국에서 발표된 연구에 따르면, 일부 의료 AI 알고리즘이 흑인 환자에게 불리하게 작용하는 사례가 보고되었다. 이러한 문제를 해결하기 위해서는 AI 개발 과정에서 데이터의 다양성을 확보하고, 지속적인 성능 평가를 수행해야 한다. 나아가, 공공 기관과 연구소는 AI의 공정성을 감시하는 제도적 장치를 마련해야 한다.

의료 AI가 진단 및 치료에 사용될 경우, 오진이나 의료 사고가 발생했을 때 책임 소재가 불분명할 수 있다는 점도 큰 문제다. 의사가 AI의 진단을 따랐을 때 발생한 의료 사고는 의사의 책임인가, 아니면 AI 개발사의 책임인가? 과거, IBM의 인공지능 의사인 왓슨(Watson for Oncology, WFO)이 일부 암 환자에게 부적절한 치료를 권장했던 사례는 AI 기반 의료 시스템의 책임 문제를 부각시켰다. 이에 대한 해결책으로, AI의 의료 결정 과정에 대한 투명성을 높이고, 의사와 AI 간의 협력 모델을 정립하는 것이 필요하다. 또한, 책임 소재 문제를 해결하기 위해 법적·제도적 프레임워크(Framework)를 구축해야 한다. 의료 AI 모델의 의사결정 과정에서 의사가 최종적으로 판단을 내릴 수 있도록 하고, AI는 보조 도구로 활용되는 방향이 바람직하다고 생각한다. 또한 의료 AI의 결정을 설명 가능하도록 만드는 '설명 가능한 AI (Explainable AI, XAI)' 기술의 발전도 중요할 것이다.

의료 AI와 사회적 문제

의료 AI 기술의 발전과 도입에 따라 발생하는 윤리적 문제와 더불어 사회적 문제 또한 중요하게 고려돼야 한다. 기술이 급격히 발전하면서 일부 선진국과 대형 병원에서는 최첨단 AI 시스템을 도입하여 보다 정밀한 진단과 치료를 제공하고 있다. 하지만 이러한 기술이 모든 사람에게 동등하게 제공되는 것은 아니다. 특히, 저소득층 환자나 개발도상국에서는 AI 의료 시스템을 활용할 수 있는 환경이 미비하거나 비용 부담으로 인해 접근이 어려운 경우가 많다.

고가의 AI 기반 진단 장비는 대형 병원이나 연구 기관에서만 사용할 수 있으며, 농어촌 지역이나 소규모 의료 기관에서는 이러한 기술을 도입하기 어렵다. 이로 인해 의료 서비스의 격차가 더 심화할 위험이 있다. 따라서 AI 의료 기술이 특정 계층만을 위한 도구가 아니라 더욱 포괄적이고 공평한 의료 서비스를 제공하는 역할을 하도록 정책적 지원이 필요하다.

이를 해결하기 위해 정부와 공공기관은 의료 AI 기술의 보급을 위한 지원 정책을 마련해야 한다. AI 기술을 기반으로 한 원격의료 시스템을 활용하면 의료 취약 지역에서도 높은 수준의 진료를 받을 수 있도록 도울 수 있다.

최근 오지에 위치한 군 병원과 해외 파병 부대에서는 국내 의료 AI 기업인 뷰노(VUNO)에서 제공하는 흉부 X-ray AI 진단 솔루션인 루닛 인사이트(Lunit INSIGHT)를 시범 적용해 사용하고 있다. 이를 통해 군의관 인력이 부족한 지역에서도 환자들이 적절한 의료 서비스를 제공받는 데 도움이 되고 있다.

의료 AI 기술이 의료 불평등을 심화시키지 않고, 오히려 해결하는 도구가 되기 위해서는 다양한 사회적 접근이 필요하다. 먼저, AI 의료 시스템이 환자 개개인의 경제적 상황과 무관하게 공정한 의료 서비스를 제공하기 위해서 의료보험 체계의 개편이 필요할 수도 있다. 또한, 공공 의료 AI 개발과 무료 또는 저비용으로 AI 의료 서비스를 제공하는 글로벌 협력 프로젝트의 활성화 등 여러 사회적 논의가 필요할 것이다. 국제 사회와 전문가 단체가 함께 지속적인 논의와 협력을 통해 포용적이고 혁신적인 의료 시스템을 구축하여, 모두가 의료 AI의 혜택을 받는 미래 의료 환경이 현실화되길 바란다.

참고문헌

한국의료윤리학회(2016). 『의료윤리학 제3판』. 정담미디어.

Harishbhai Tilala, M., et al.(2024). Ethical considerations in the use of artificial intelligence and machine learning in health care: A comprehensive review. *Cureus*, 16(6), e62443.

Murdoch, B.(2021). Privacy and artificial intelligence: Challenges for protecting health information in a new era. *BMC medical ethics*, 22(1), p122.

Obermeyer, Z., et al.(2019). Dissecting racial bias in an algorithm used to manage the health of populations. *Science*, 366(6464), pp.447–453.

Topol, E.(2019). *Deep medicine: How artificial intelligence can make healthcare human again.* Basic Books. 이상열 옮김(2020). 『딥메디슨』. 소우주.

06
AI와 의료 행정: 미래 병원

의료 분야에서 AI 기술은 단순히 진단과 치료 보조를 넘어서 병원 행정과 운영에도 혁신적인 변화를 불러오고 있다. 병원 행정 업무는 환자 기록 관리, 의료 자원 배분, 예약 시스템, 보험 청구 등 다양한 과정을 포함한다. 의료 AI는 이러한 절차를 자동화하고 최적화하여 의료 서비스의 효율성을 높일 수 있다. AI가 병원 행정에서 어떻게 활용될 수 있는지, 그리고 스마트 병원의 실현 가능성과 미래 의료 환경의 변화를 조망한다.

AI와 야구?

병원 내 의료 행정

의료 행정은 의료 기관이 원활하게 운영되도록 지원하는 중요한 요소로, 의료 서비스의 질과 환자 경험에 직접적인 영향을 미친다. 의료 행정은 크게 인적 자원 관리, 재무 및 보험 청구 관리, 시설 운영, 환자 정보 관리 등으로 구분되며, 의료진이 진료에 집중할 수 있도록 효율적인 행정 시스템을 구축하는 것이 필수적이다. 특히, 최근 국내 병원에서는 디지털 혁신을 통해 행정 업무를 최적화하기 위해 노력하고 있으며, 의료정보학 및 병원경영학 분야에서 이에 대한 연구가 활발히 이뤄지고 있다.

전자 의료 기록(Electronic Medical Record, EMR), 의료 빅데이터 분석, 스마트 예약 시스템 등 다양한 기술이 도입되면서 병원 행정의 효율성이 향상되고 있다. 이에 따라 AI 기술은 병원 운영의 필수적인 도구로 자리 잡고 있으며, 의료 행정의 자동화를 통해 의료진과 행정 담당자의 업무 부담을 줄이는 데 기여하고 있다.

전자 의료 기록(EMR)

병원 행정에서 가장 대표적으로 의료 AI가 활용되는 분야는 바로 환자 데이터 관리다. 환자 데이터를 잘 관리하는 것은 병원 행정의 핵심 요소 중 하나며, 과거 의료진이 직접 수기로 작성하던 종이 기반의 의료 기록에서 현재의 EMR 시스템으로의 전환은 환자 데이터의 저장, 공유, 분석을 가능하게 했다.

여기서 더 나아가 의료 AI는 현재의 EMR 시스템을 더욱 발전시켜 환자 정보를 정리하고, 패턴을 분석하여 의료진에게 유용한 인사이트를 제공할 수 있다. 특히, 자연어 처리(Natural Language Processing, NLP) 기술의 발전이 의료 AI가 EMR을 적극 활용할 수 있도록 하는 계기가 됐다. NLP 기술은 컴퓨터가 인간의 언어를 이해하고 분석할 수 있도록 하는 인공지능 분야로, 텍스트 및 음성 데이터를 분석하여 의미를 추출하고, 번역, 감정 분석, 챗봇 등의 다양한 분야에서 활용된다. 대부분의 의료 기록은 담당 의사 혹은 주치의가 외래 및 입원 환자의 상태 경과, 검사 결과 및 향후 치료 계획 등을 의료 용어를 바탕으로 기술한 것이기에, 이를 AI가 학습하기 위해서는 완벽한 자연어 처리 기술이 뒷받침돼야 한다.

이처럼 AI 기술이 적용된 EMR 시스템의 발전은 의료 현장에서 실질적인 변화를 불러오고 있다. 대표적인 사례로는 미국 메이요 클리닉(Mayo Clinic)이 AI 기반 EMR 분석 시스템을 도입한 사례를 들 수 있다. 이 시스템은 방대한 환자 데이터를 분석해 진료 기록에서 중요한 정보를 자동으로 추출하고, 질병 예측 모델을 활용해 조기 진단을 지원한다. 예를 들어, 심혈관 질환 환자의 기록을 AI가 분석해 발병 위험도를 예측하고, 이에 따라 의료진이 선제적으로 개입할 수 있도록 돕는다.

또한, 국내에서는 서울아산병원이 EMR 시스템에 AI 기반 챗봇 기능을 도입해 의료진이 환자 기록을 더욱 신속하고 효율적으로 조회할 수 있도록 지원하고 있다. 이 시스템은 NLP 기술을 활용하여 의사의 질의에 대해 빠르고 정확한 응답을 제공하며, 반복적인 문서 작업을 줄이는 데 기여하고 있다. 실제로 이 시스템 도입 이후 의료진의 EMR 검색 시간이 평균 40% 감소했으며, 진료 효율성이 크게 향상됐다.

이처럼 AI를 적용한 EMR 시스템은 환자 정보의 관리와 활용을 극대화하며, 의료진이 더욱 정확한 진단과 치료 계획을 수립할 수 있도록 지원하는 역할을 하고 있다.

AI 기반 진료 일정 관리

진료 일정을 관리하는 데에도 의료 AI가 사용될 수 있다. 현재 국내 대형 병원들은 대부분 진료 일정을 관리하기 위해 EMR과 연동된 웹 및 애플리케이션 기반의 병원 예약 시스템을 사용하고 있다. AI 기반 예약 시스템은 환자의 선호 시간, 의료진의 가용 시간, 긴급도 등을 고려하여 최적의 진료 일정을 자동으로 조정할 수 있어 환자와 의료진 모두 효율적으로 시간을 관리하도록 해준다. 실제 미국의 한 대형 병원에서는 AI 예약 시스템을 도입한 뒤, 환자 대기 시간은 30% 이상 단축됐고 의료진의 일정 운영 효율성도 20% 이상 향상됐다. 이미 일부 의료기관에서는 진료 예약에 대한 노쇼(No-show, 예약 후 나타나지 않음)를 예측하기 위해 알고리즘을 사용하기도 하는데, 이는 노쇼에 따라 발생하는 유휴 인력 문제를 해결하는 데 도움이 되고 있다.

이처럼 의료 AI는 병원의 원활한 운영을 위해 의료 자원을 효율적으로 관리할 수 있도록 도와줄 수 있다. 그뿐만 아니라, 병원의 의료 기기, 병상 사용률, 약품 재고 등을 분석하여 자원을 최적화하는 데 도움을 줄 수 있다. 실제 연구 결과, AI가 실시간 데이터를 분석하여 병실 가용성을 예측하고, 이를 기반으로 환자의 병상 배정을 자동으로 조정하면 병원의 운영 효율성이 향상될 수 있다는 결과가 확인됐다. 나아가, AI는 공급망 관리를 최적화하여 불필요한 의료 장비 구매를 줄이고, 병원의 운영 비용을 절감할 수도 있다.

스마트 병원

의료 AI의 도입을 통해 의료 행정과 미래 병원 환경에 다양한 변화가 예측된다. 그 중 대표적인 것은 스마트 병원(Smart hospital)의 실현이다. 스마트 병원이란 AI와 사물인터넷(IoT) 기술을 결합하여 병원 운영을 자동화하는 개념으로, AI가 의료진의 업무를 보조하며 환자의 상태를 실시간으로 모니터링하고 이상 징후를 조기에 감지할 수 있다.

스마트 병원을 실현하기 위해서는 여러 기술적, 제도적 발전이 뒷받침돼야 한다. 먼저, 병원 운영의 전반적인 상황에 인공지능의 참여와 효율성 향상이 필요하다. 이미 이를 위한 몇 가지 시도가 미국에서는 이뤄지고 있는데, 한 예로 큐벤투스(Qventus)라는 인공지능 소프트웨어 회사는 전자 의료 기록, 병원 내 인력 배치, 진료 일정 작성, 약품 처방 시스템, 간호사 호출 장치 등으로부터 얻은 다양한 데이터를 바탕으로 병원의 응급실, 수술실, 약국에서 업무의 자동화를 추진하는 플랫폼을 개발하고 있다.

스마트 병원의 실현을 위해 현재의 우리가 알고 있는 병실의 구조와 시스템을 바꾸기 위한 노력도 이루어지고 있다. 미국 세인트루이스에 위치한 머시 병원(Mercy hospital)에서는 'Touchless warmth(터치 없는 따듯함)'이란 구호를 내세우며 기존의 일반적인 병실을 축소하고 가상 진료 센터를 통해 가상 병실을 운영하는 시도를 하고 있다. 이곳에서는 의사와 간호사들이 원격으로 환자와 대화하고 각 환자의 정보를 모니터와 알람을 통해 추적한다. 하지만, 환자는 중환자실에 있을 수도 있고, 본인의 자택에 있을 수도 있다. 또한, 가상 병실에 입원한 환자들은 모니터링 대상이거나 철저한 추적 감시 대상일 수도 있지만, 중증도와 입원 장소에 상관없이 모두 원격으로 관찰된다. 무증상의 환자들에 대해서도 인공지능 감시 알고리즘을 바탕으로 패혈증이나 심장 기능 저하와 같이 위험한 질병의 가능성을 예측하고 원격으로 추적한다. 미국뿐만 아니라, 일본에서도 이처럼 스마트 병원의 실현을 위해 노력하고 있다. 일본 의사회와 정부는 소프트뱅크(SoftBank)와 같은 일본 내 기업들과 함께 힘을 합쳐 일본 내 사회 문제를 해결하고, 초고령화 사회에서 의료의 질을 보장하기 위해 2022년 일본 정부의 '전략적 혁신 창조 프로그램' 과제로 'AI 병원에 의한 고급 진단 및 치료 시스템' 구축을 시행 중이다.

일본과 유사한 인구 분포를 보이는 대한민국도 저출산 고령화와 인구 감소의 영향으로 지역 간 의료 격차가 발생하고, 의료의 고도화 및 복잡화에 따라 전문의 부족과 의료 비용 부담 증가가 과제로 떠오르고 있다. 일본의 이러한 AI 병원 프로젝트는 의료 분야 사회 문제를 해결하기 위해 진단 및 치료 등 다양한 의료 분야에서 AI로 지원할 수 있는 의료 AI 플랫폼을 의료기관에 폭넓게 제공하는 것을 목표로 한다. 예를 들어, 소프트뱅크에서는 AI 병원 플랫폼의 기반이 되는 통신 네트워크 및 사용자 인증 기능을 제공했다. 이를 바탕으로 낙도 및 인구 과소 지역 병원에서 원격으로 전문의에게 환자의 내시경 영상을 5G로 실시간 전송하고, 전문의가 AI를 활용해 암을 진단할 수 있었다. 이러한 경험과 실증 실험을 바탕으로, 일본 의사회와 정부 및 기업은 향후 5G 및 AI를 활용한 원격 진단 보조 시스템을 공동으로 개발해 의료 AI 플랫폼과 AI 스마트병원 시대를 이끌어 나가길 목표하고 있다.

미래 의료의 환경 변화

의료 AI의 발전은 병원 행정을 더욱 효율적으로 만들 뿐만 아니라, 의료 서비스의 접근성을 확대하는 역할을 할 것이다. 이를 통해 저출산 고령화로 인해 발생할 여러 사회 문제들을 해결하고, 국토의 불균형 발전과 양극화로 인해 발생할 국내 의료 문제들의 해결에도 큰 도움이 될 것이다.

나아가 향후 AI 기술이 더욱 정교해지면서 환자의 개별적인 건강 데이터를 분석하여 맞춤형 의료 서비스를 제공하는 스마트 병원의 도입과 발전이 더욱 앞당겨질 것으로 예측된다. 하지만, AI가 병원 행정에 사용되고 운영을 주도하는 스마트 병원 환경에서는 중요한 윤리적 고려 사항도 존재한다. AI 시스템의 의사결정 과정에서 공정성과 투명성을 보장하는 것이 중요하며, 환자의 개인정보 보호도 강화돼야 한다. 또한, AI가 인간 의료진을 완전히 대체하는 것이 아니라, 보조하는 역할로 수행해야 한다는 점이 강조돼야 한다.

이처럼 AI는 병원 행정과 운영을 혁신적으로 변화시키며, 의료 서비스의 효율성을 극대화할 수 있는 중요한 기술이다. 환자 데이터 관리, 의료 예약 시스템, 자원 관리 등 다양한 분야에서 AI가 활용되면서 병원의 운영 방식이 변화하고 있으며, 스마트 병원의 개념이 점점 현실화되고 있다. 다만, AI 기술의 발전과 함께 윤리적 문제와 개인정보 보호 문제를 해결하는 것이 중요하며, AI가 인간 의료진과 협력하여 최상의 의료 서비스를 제공하는 방향으로 발전해야 한다.

참고문헌

대한의료정보학회. https://www.kosmi.org

최창현(2020.06.14). 일본 내각부, 'AI 병원 의한 고급진단 및 치료시스템' 구현 위한 프로젝트 시작. ≪인공지능신문≫, https://www.aitimes.kr/news/articleView.html?idxno=16706

Clark, M. & Bailey, S.(2024). Chatbots in health care: Connecting patients to information. *Emerging Health Technologies*, 4(1), pp.1-21.

Hu, H., et al.(2022). Smart hospital innovation: Technology, service, and policy. *Frontiers in public health*, 10, 845577.

Lipkova, Jana et al.(2022). Artificial intelligence for multimodal data integration in oncology. *Cancer Cell*, 40(10), pp.1095-1110.

Topol, E.(2019). *Deep medicine: How artificial intelligence can make healthcare human again*. Basic Books. 이상열 옮김(2020). 『딥메디슨』. 소우주.

07
AI와 임상 연구: 혁신적 접근

의료 인공지능(AI)의 발전은 새로운 임상 연구 패러다임을 제시하며, 혁신적인 변화를 이끌고 있다. 기존의 임상 연구는 노력과 비용이 요구되는 복잡한 과정이었으나, AI 기술의 도입을 통해 연구 설계 및 데이터 분석에서 효율성이 획기적으로 향상됐다. 의료 AI가 임상 연구를 혁신하는 다양한 방식과 실제 사례를 살펴보고, 미래 바이오 시장을 선도하기 위해 연구자들에게 필요한 능력에 대해 논의한다.

AI와 윤동주?

임상 연구의 현재와 미래

전 세계의 의사과학자들과 제약회사들은 인류의 건강 증진과 질병 예방이라는 사명을 달성하기 위해서 임상 시험(Clinical trial)을 포함한 수많은 임상 연구를 실험실(Laboratory, Lab)에서 수행하고 있다. 임상 연구가 수행되는 주된 장소인 실험실은 크게 '웨트 랩(Wet lab)'과 '드라이 랩(Dry lab)'으로 분류된다. 웨트 랩은 대개 벤치(Bench), 싱크대(Sink), 후드(Hood) 등이 존재하는 실험실로, 우리가 일반적으로 흔히 실험실이라고 했을 때 떠올리는 모습이다. 주로 연구와 실험에 물이 사용되는 경우가 많기에 웨트 랩이라고 불린다. 드라이 랩은 이와 달리 컴퓨터 시스템을 기반으로 연구와 실험이 이뤄지는 실험실 공간이다. 대개 컴퓨터와 공학적 분석을 바탕으로 데이터 분석 및 모델링 등의 연구가 이뤄지며, 주로 반도체 칩(Chip) 위에서 실험이 이뤄진다. 과거 전통적인 임상 연구는 주로 웨트 랩을 중심으로 수행됐지만, 의료 AI 기술의 발전으로 인해 최근에는 드라이 랩의 중요성이 점점 커지고 있다.

드라이 랩의 중요성이 증가하는 가장 큰 이유는 의료 AI와 빅데이터 분석 기술의 발전 덕분이다. 전통적인 웨트 랩 연구에서는 실험 재료를 직접 다루고 세포 및 조직 단위의 분석을 수행하는 반면, 드라이 랩에서는 인공지능 알고리즘을 활용하여 방대한 의료 데이터를 분석하고 예측 모델을 구축한다. 예를 들어, 연구자들은 시행착오 없이 신약 후보 물질을 가상 환경에서 먼저 검토하고, 최적의 임상 시험을 설계하여 효율적으로 성과를 도출할 수 있다. 또한, 유전자 데이터와 환자 임상 기록을 결합해 맞춤형 치료법을 개발하는 임상 연구에도 인공지능이 적극적으로 활용되고 있어 정밀 의료(Personalized medicine)의 시대를 앞당길 것으로 예측된다.

특히, AI 기반의 시뮬레이션과 가상 실험이 가능해지면서 임상 연구의 효율성이 극적으로 향상되고 있다. 신약 개발 과정에서 AI는 약물의 분자 구조를 예측하고, 환자의 반응을 시뮬레이션하여 부작용을 사전에 분석할 수 있다. 이러한 접근 방식은 기존의 웨트 랩 연구보다 연구 비용과 시간을 획기적으로 절감하며, 연구 성과를 더욱 빠르게 도출하는 데 기여하고 있다. 따라서 미래의 임상 연구는 웨트 랩과 드라이 랩이 협력하는 하이브리드 연구 환경으로 나아갈 것이며, 의료 AI의 발전과 함께 더욱 정교한 연구 모델이 개발될 것이라 예상된다.

AI와 신약 개발

의료 AI의 발전은 여러 임상 연구 분야 중에서도 신약 개발의 과정에서 큰 변화를 불러올 것으로 생각된다. 먼저, 대한민국의 현재 임상 의학 연구 상황을 살펴보자. 대한민국은 새롭게 개발된 신약의 안정성과 유효성을 입증하는 과정인 임상 시험(Clinical trial)에서는 시장을 선도하고 있다. 2023년 미국 국립보건원(NIH)에서 발표한 의약품 임상 시험 현황 분석 보고서를 살펴보면, 대한민국은 국가를 기준으로 전 세계 임상 시험 시행 점유율 4위를 달성했으며, 도시를 기준으로는 서울시가 2017년 이후 7년간 도시 점유율 1위를 유지하고 있을 정도로 대한민국은 명실상부 세계적인 임상 시험 선도 국가이다. 하지만, 임상 시험과 달리 훨씬 더 큰 시장이며 더 높은 수준의 기술력을 요구하는 신약 개발 분야에서는 대한민국은 아직도 미국 대비 78% 수준에 그치고 있으며, 아직도 신약 개발 최강국인 미국과 약 3.8년의 기술 격차가 존재한다.

신약 개발 과정은 평균적으로 10~15년이 소요되며, 막대한 연구비가 투입된다. 그러나 최근 발전한 의료 AI는 신약 개발의 다양한 단계에서 핵심적인 역할을 수행하고 있으며, 특히 후보 물질 탐색과 임상 시험 과정에서 혁신적인 성과를 보인다. 대표적으로 구글(Google)이 개발한 인공지능인 딥마인드(DeepMind) 중 알파폴드(AlphaFold)란 모델은 단백질 구조를 예측하는 AI 모델로, 신약 후보 물질의 탐색 속도를 크게 향상시키면서 새로운 치료법 개발에 기여하고 있다. 또한, AI는 실험 데이터를 분석하여 특정 질병의 생물학적 메커니즘을 규명하는 데 도움을 주고 있다. 실제 2020년 미국의 제약회사 인실리코 메디신(Insilico Medicine)은 AI를 활용하여 신약 후보 물질을 46일 만에 발굴하였다. 이는 기존의 연구 방식보다 현저히 단축된 기간으로, AI가 신약 개발에 미치는 영향을 극명하게 보여 준다. 더 나아가 미국 회계 · 컨설팅그룹 딜로이트는 『2025년 생명과학 전망』 보고서에서 디지털 혁신이 2025년 제약 · 바이오 시장에 더 많은 변화를 불러올 것이라고 예상했으며 그중 핵심이 인공지능이라고 밝혔다. 딜로이트는 향후 5년간 제약 · 바이오 기업의 AI 기술 투자가 매출 대비 최대 11%의 가치를 창출할 수 있고, 일부는 AI 도입으로 향후 2~3년 내 총매출의 최대 12%의 비용 절감을 할 수 있을 것으로 예측했다.

이러한 미국의 성공 사례와 희망적인 예측을 바탕으로 국내 제약 회사 및 정부도 인공지능을 이용한 신약 개발 연구 파이프라인 개척을 위해 노력하고 있다. 특히 약물 발견, 임상 시험, 환자 맞춤형 치료 등 다양한 분야에서 의료 AI를 중심으로 파이프라인을 재편하고 있고, 이러한 추세는 앞으로도 가속화될 것이다. 실제 국내의 여러 AI 기반의 신약 개발 플랫폼 회사들에 대한 다국적 제약회사를 포함한 세계적 관심이 이어지고 있다. 정부에서도 AI를 신약 개발 및 임상 시험에 활용하기 위해 노력하고 있다. 최근 큰 주목을 받는 항체-약물 접합체(Antibody-Drug Conjugate, ADC) 기술은 항암제를 암세포에만 선택적으로 전달할 수 있어 차세대 항암제 개발을 위한 핵심 기술이다. 이에 2024년 과학기술정보통신부는 글로벌 선도연구센터(IRC) 지원 사업으로 광주과학기술원(GIST)의 'AI 기반 중대분자 연구센터' 출범을 지원하기도 했다.

2025년 트럼프 2기 출범으로 전 세계의 제약 · 바이오 정책이 급변할 가능성이 제기되고 있다. 하지만, 위기를 기회로 만들 수 있도록 중장기적인 관점을 가지고 대비하여 K-바이오가 현재의 유망함을 넘어 미래 바이오 시장을 선도하기를 바란다.

AI 임상 연구의 법적 규제

AI 기반 임상 연구가 발전하면서 이에 대한 법적 규제 또한 중요한 쟁점이 되고 있다. 미국, 유럽연합(EU)을 비롯한 여러 국가는 AI를 활용한 임상 연구에 대한 가이드라인을 수립하고 있으며, 데이터 보호 및 윤리적 문제에 대한 규제를 강화하고 있다. 미국 식품의약국(FDA)은 AI를 활용한 의료 기기 및 임상 연구를 감독하기 위해 디지털 헬스 소프트웨어 사전 평가(Digital Health Software Pre-certification, Pre-cert) 프로그램을 운영하고 있으며, AI 기반 진단 및 치료 알고리즘에 대한 심사 기준을 정립하고 있다.

국내에서도 임상 연구는 전통적으로 높은 수준의 의학적 성과를 유지해 왔으며, 다국적 연구와 협업을 통해 꾸준히 발전해 왔다. 이에 국가생명윤리정책연구원과 한국보건산업진흥원은 임상 연구의 윤리적 기준을 새롭게 정립하면서 AI 기반 연구의 활성화를 도모하고 있다.

최근에는 국내 주요 병원들에서 대규모 언어 모델(Large Language Model, LLM)을 이용한 임상 연구를 활발히 수행 중이다. 대규모 언어 모델이란 인간의 언어를 이해하고 생성할 수 있는 인공지능 기술로 오픈AI(OpenAI)의 ChatGPT, 메타(Meta)의 Llama 등으로 대표된다. 중국에서 개발된 DeepSeek도 대표적인 오픈소스 LLM 모델이지만, 개인정보 보호 문제를 이유로 국내 주요 병원 및 연구소에서 사용이 제한됐다. ChatGPT의 경우에는 사용자의 입력 데이터를 학습하지 않는다고 명시돼 있어 국내 주요 병원과 연구기관에서는 ChatGPT를 활용한 임상 연구를 활발히 진행 중이다. 하지만, 익명화됐다고 하더라도 환자 데이터를 해외에 위치한 서버를 기반으로 하는 외부 AI 서비스에 전송하는 것은 정보 유출의 가능성을 포함하며, 2025년 2월 기준으로 현행 국내 개인정보 보호법 제28조의2(가명정보 처리) 중 '보안 조치 및 연구 목적 외 활용 금지 규정'의 준수 여부에 대해서는 논란이 있다. 이에 국내 대학 병원 및 연구소에서는 연구윤리 심의위원회(Institutional Review Board, IRB)의 승인을 받아 법적인 문제를 최소화하거나, 병원 내부망에서만 운영되는 자체 LLM 모델을 개발하기 위해 노력하고 있다. 물론 이러한 현상은 법과 제도의 발전 속도가 기술의 발전 속도를 따라오지 못했기에 발생한 문제일 수도 있지만, AI를 이용한 임상 연구 과정에서 발생할 수 있는 잠재적 데이터 유출 위협을 막기 위한 적절한 법적 규제 기준의 정립 필요성을 보여 주고 있다.

미래 임상 연구를 위한 핵심 역량

AI를 활용한 임상 연구가 빠르게 확산하는 상황에서 미래의 바이오 시장을 선도하기 위해서는 의사과학자 및 연구자들이 다양한 기술적 역량을 갖추는 것이 필수적이다. AI 기반 임상 연구가 점점 더 중요해짐에 따라, 연구자들은 데이터 과학과 머신러닝 알고리즘에 대한 이해를 높이고, 의료 빅데이터를 효과적으로 분석할 수 있는 능력을 길러야 한다. 또한, 의료 AI의 윤리적 문제와 법적 규제에 대한 깊은 이해를 바탕으로, AI의 활용을 극대화하면서도 환자의 권리를 보호할 수 있는 연구 환경을 조성해야 한다.

특히, 다학제적 접근이 중요한 요소로 떠오르고 있다. 의학, 생명과학, 컴퓨터공학을 융합한 연구가 증가하면서, 의사과학자들은 다양한 분야의 전문가들과 협력하여 창의적인 연구를 수행해야 한다. 이를 위해, 기존의 전통적인 웨트 랩 연구뿐만 아니라, 드라이 랩 기반의 분석 역량을 강화하는 것이 필수적이다. 신약 개발, 맞춤형 치료, 영상 진단 등 다양한 분야에서 AI를 활용한 연구가 활발히 진행되고 있는 만큼, 연구자들은 AI를 임상 연구에 통합하는 방법을 배우고, 이를 실용적으로 적용할 수 있는 능력을 배양해야 한다.

앞으로 AI 기술이 더욱 발전하면서, 의료 연구의 패러다임은 더욱 빠르게 변화할 것이다. 따라서 연구자들은 변화하는 환경에 유연하게 대응하고, 새로운 기술을 적극적으로 학습하며, 창의적이고 혁신적인 연구를 수행할 수 있는 능력을 지속적으로 계발해야 한다. 이러한 노력이 뒷받침될 때, 의료 AI와 임상 연구가 조화를 이루며 인류의 건강 증진에 기여할 수 있을 것이다.

참고문헌

국가임상시험지원재단(2024). 『한국임상시험백서 2024』. 국가임상시험지원재단, https://www.konect.or.kr/kr/board/konect_library_02/boardList.do

김가람(2024.12.31). [2025 제약 · 바이오] 새해에도 핵심 키워드는 비만약 · 의료 AI · ADC · CGT. ≪바이오타임즈≫, https://www.biotimes.co.kr/news/articleView.html?idxno=18993

차원준(2024.08.09). GIST 중대분자 연구센터, '2024 IRC 지원사업' 선정. ≪의학신문≫, http://www.bosa.co.kr/news/articleView.html?idxno=2228853

한국제약바이오협회. https://www.kpbma.or.kr

Rajpurkar, P., et al.(2017). CheXNet: Radiologist-level pneumonia detection on chest x-rays with deep learning. arXiv, arXiv:1711.05225

Silver, D., et al.(2017). Mastering the game of go without human knowledge. *Nature*, 550(7676), pp.354-359.

Topol, E.(2019). *Deep medicine: How artificial intelligence can make healthcare human again*. Basic Books. 이상열 옮김(2020). 『딥메디슨』. 소우주.

U.S. Food and Drug Administration(2021). Artificial intelligence and machine learning in software as a medical device. https://www.fda.gov/medical-devices/software-medical-device-samd/artificial-intelligence-and-machine-learning-software-medical-device

U.S. National Institutes of Health(2023). ClinicalTrials.gov registry https://clinicaltrials.gov

08

AI 의사 대 의사의 AI

한때 의료 AI의 선두 주자로 평가받았던 IBM의 AI 닥터 '왓슨(Watson)'은 많은 기대를 받으며 등장했지만, 현재 시장에서 사라진 상태다. 이는 AI 의사의 한계를 보여 주는 대표적인 사례로, 의료 AI가 실제 임상 환경에서 어디까지 역할을 수행할 수 있는지 고민해 볼 필요성을 제기한다. 과연 의사는 인공지능에 의해 대체될 직업인지, 아니면 의사들이 AI를 진료에 적극 활용하며 공존해 나갈지 미래 의사 모습에 대해 논의한다.

AI와 한의학?

IBM 왓슨의 부상과 몰락

IBM은 2011년 자사의 AI 시스템 '왓슨(Watson)'을 소개하며 의료 분야에서 혁신을 예고했다. 왓슨은 자연어 처리와 머신러닝 기술을 활용하여 방대한 의학 논문과 임상 데이터를 분석하고, 의료진에게 최적의 진단과 치료법을 제안하는 시스템으로 설계됐다. 특히 2013년 MD 앤더슨 암센터와 협업하여 암 치료에 적용하는 연구가 진행되면서 큰 관심을 받았다. 이때 출시된 왓슨 포 온콜로지(Watson for Oncology, WFO)는 암 진단과 치료를 위한 인공지능 소프트웨어로, 세계적으로 큰 기대를 받으며 국내에서도 2016년 가천대학교 길병원을 시작으로 다수의 병원에 앞다퉈 도입됐다.

그러나 실제 진료에 AI 의사 왓슨의 도움을 받기 위해서는 환자 정보를 일일이 수동으로 입력해야 하고, 전자 의료 기록(EMR)과의 연동성이 떨어지는 등 불편함이 있었고, 의학적으로 실질적 도움이 필요한 결정을 내리는 데에는 무용지물이었다. 가령 폐에 보이는 5mm 크기의 결절이 암의 전이인지 아닌지에 따라 치료의 방향이 크게 달라지는데 AI 닥터 왓슨은 그런 부분의 결정을 도와주지 못했다. 이에 국내 여러 병원들은 왓슨의 계약을 해지했고, 결국 2022년 IBM은 결국 왓슨 헬스 사업을 매각

하며 AI 의사로서의 왓슨은 시장에서 철수하게 됐다.

왓슨의 실패 원인은 여러 가지가 있다. 첫째, 의료 데이터의 복잡성과 비정형성이다. 의료 데이터는 환자마다 다르고, 특정 질환의 임상적 특징을 완벽히 반영하는 데이터 세트(data set)를 구축하는 것이 어렵다. 둘째, AI 의사의 의사 결정이 임상적 신뢰도를 확보하지 못했다. 왓슨이 제안한 치료법 중 일부가 비현실적이거나 임상 가이드라인과 맞지 않는 경우가 있었으며, 이는 의료진의 신뢰를 얻는 데 실패했다. 셋째, 비용 대비 효율성이 부족했다. 의료 AI 시스템을 개발하고 유지하는 데 막대한 비용이 필요하지만, 실질적인 임상적 가치는 기대에 미치지 못했다.

AI 의사의 한계와 가능성

이처럼 왓슨의 사례는 AI가 의사의 역할을 완전히 대체하기 어려운 이유를 시사한다. 이는 AI 의사가 직면한 주요 한계를 반영하고 있다.

첫째, 데이터 품질과 편향 문제다. AI 모델은 학습 데이터에 의존하기 때문에, 데이터 품질이 낮거나 편향된 경우 잘못된 예측을 내릴 가능성이 크다. 예를 들어, 특정 인종이나 성별에 편향된 데이터로 학습된 AI는 일부 환자 그룹에서 낮은 진단 정확도를 보일 수 있다. 이러한 문제는 AI의 임상 적용에서 중요한 윤리적 쟁점이 된다.

둘째, 설명 가능성(Explainable AI, XAI)의 부족이다. AI의 결정 과정은 종종 '블랙박스'로 남아 있어, 의료진이 AI의 판단을 이해하고 검증하기 어렵다. 의학적 결정은 환자의 생명과 직결되는 만큼, 설명 가능성이 부족한 AI 모델은 실무에서 활용되기 어렵다. 따라서 AI가 제공하는 진단과 치료 추천의 근거를 명확히 설명할 수 있는 시스템이 필요하다.

셋째, 의료 윤리 및 법적 문제다. AI가 의료적 결정을 내리는 과정에서 책임 소재가 명확하지 않다는 점도 문제다. 예를 들어, AI가 잘못된 진단을 내려 환자에게 피해를 준다면, 개발사, 의료진, 병원 중 누가 법적 책임을 져야 할까? 이는 아직 명확한 법적 기준이 마련되지 않은 분야로, 의료 AI의 확산을 저해하는 요소 중 하나다.

결국, 위와 같은 한계들과 왓슨의 실패 경험을 바탕으로 의료 AI 발전의 궁극적 방향이 AI 의사의 개발이 아니라, 의사의 조력자로서 의사와 함께 일하는 보조적 도구의 개발이라는 결론에 도달하고 있다.

AI와 의사의 공존: 의사의 AI

앞서 논의한 의료 AI의 한계를 고려할 때, 향후 AI는 의사를 대체하는 것이 아니라, 의사의 조력자로 기능할 가능성이 높다. 향후 의료 AI가 발전할 방향은 'AI 의사'가 아닌 '의사의 AI'로서 하나의 비서처럼 의료진을 보조하는 형태가 될 것이다.

예를 들어, AI 기반 임상 의사 결정 지원(Clinical Decision Support System, CDSS)을 통해 의사들이 간과하기 쉬운 환자의 상태를 조기 발견하는 데 도움을 줄 수 있다. 2024년 건강보험심사평가원에서 발표한 자료를 살펴보면 국내 대부분 요양병원에서 의사 1명이 담당하는 환자 수는 의료법 시행규칙에서 권고하는 수치를 초과하고 있었다. 최대 수치를 기록한 병원에서는 의사 1명이 평균 51.1명의 환자를 담당하고 있었는데, 이는 의사 1인당 담당 환자를 최대 40명으로 권고하는 의료법 시행규칙을 훨씬 초과한다. 이처럼 국내에서는 여러 환경적 요인들로 인해 의사와 간호사 1명이 담당하는 환자의 수가 많기 때문에, 높은 업무 강도에 따른 피로도 증가, 주의력 감소와 같은 문제가 발생하고 이는 인적 오류(Human error)로 이어질 수 있다. 이러한 상황에서 AI는 방대한 임상 데이터를 분석하고, 질병의 패턴을 학습하여 의사에게 진단 및 치료 결정을 돕는 도구로 활용될 수 있다. 미국 존스 홉킨스(Johns Hopkins) 대학 병원에서는 AI를 이용해 패혈증 환자를 조기에 발견하는 시스템을 도입하여 사망률을 크게 낮추는 성과를 거뒀다. 이는 AI가 의사의 임상 의사 결정 과정에서 실질적인 도움을 줄 수 있음을 보여 준다.

또한 AI는 단순 반복적인 의료 행정을 자동화하여 의료진의 업무 부담을 줄이는 데 기여할 수 있다. 예를 들어, 증상이 잘 조절되고 있는 환자들의 반복 처방이나 상태가 안정된 환자의 입원 기록 작성처럼 상대적으로 쉽고 반복적인 업무는 의료진의 관리와 감독 아래에서 AI 시스템의 도움을 받을 수 있다. 국내에서도 세브란스 병원에서 의료진 인력 문제를 해결하기 위해 자체적인 대규모 언어 모델(LLM)인 '와이낫(Y-Knot)'을 개발하여 응급실 퇴실 기록지 작성, 수술 전 마취 위험도 평가 등 전자 의료 기록(EMR) 작성에 활용하고 있다. '와이낫'이 의료 기록의 초안을 작성하면 담당 주치의 혹은 전문의가 이를 확인하고 수정하여 최종 의료 기록을 완성한다. 세브란스 병원에 따르면, AI가 온전히 스스로 혹은 전문의가 AI의 도움을 받아 작성한 의료 기록이 전문의가 AI의 도움 없이 작성한 의료 기록보다 완결성 및 정확도 측

면에서 다른 과 의사 및 전문가들로부터 더 높은 평가를 받았다고 한다.

이처럼 의료 AI는 '의사의 AI'로서 새롭게 다가올 의료 환경에서 의사의 완벽한 비서로서 확실히 자리매김할 것이다. 특히, 2024년 발생한 의정 갈등을 계기로 그동안 노동집약적(Labor intensive)이고 소수의 희생으로 유지되던 국내 의료 환경은 앞으로는 기존과는 완전히 달라질 것으로 예측된다. 이러한 상황에서 우리나라도 의료 AI의 가능성과 한계에 대해 깊이 고민하여 향후 AI가 의료 현장에서 성공적으로 활용될 수 있도록 전문가들이 뜻을 모아야 할 것이다.

결국, 이를 위해서는 논의의 방향이 'AI 의사'의 개발이 아닌 '의사의 AI'로서의 의료 AI의 역할을 정립하는 것이 중요하다. AI는 의료진이 최상의 진료를 제공하는 데 보조적인 도구로 작용해야 하며, 신뢰성, 설명 가능성, 윤리적 문제를 해결하는 것이 필수적이다. 향후 AI와 의료진이 협력하여 최적의 의료 환경을 구축하는 모습을 기대한다.

참고문헌

김미정(2022.07.28). AI로 패혈증 사망률 20% 낮춘다...사람보다

6시간 더 빨리 진단해. ≪AI타임즈≫, https://www.aitimes.com/news/articleView.html?idxno=146028

허지윤(2025.01.02). [신년사] 금기창 연세의료원장 경영 안정화 주력… 세브란스, 중국 · 방글라데시로 전파. ≪조선일보≫, https://www.chosun.com/economy/science/2025/01/02/I35OZJKA7KPP3FANOSHZD4UOZQ/

Obermeyer, Z., et al.(2019). Dissecting racial bias in an algorithm used to manage the health of populations. *Science*, 366(6464), pp.447-453.

Topol, E.(2019). Deep medicine: How artificial intelligence can make healthcare human again. Basic Books. 이상열 옮김(2020). 『딥메디슨』. 소우주.

09
AI 시대의 의사: 생존과 도전

AI가 의료 현장에 깊숙이 들어오면서 의사의 역할이 근본적으로 변화하고 있다. 과거에는 의사가 스스로 판단하고 진료를 수행했다면, 이제는 AI와 협업하는 시대가 열리고 있다. 앞서 'AI 의사' 대 '의사의 AI'의 논쟁을 살펴봤다면, 이번에는 의사가 인공지능 시대에서 생존하고 경쟁력을 유지하기 위해, 필요한 변화와 도전 과제를 심층적으로 탐구한다.

AI와 화장품?

의사가 AI와 함께 일하는 법

전통적으로 의사는 환자의 병력을 분석하고, 신체 검진을 수행하며, 종합적인 임상 판단을 통해 치료 방안을 결정하는 존재였다. 그러나 최근 AI 기반 의료 시스템은 이러한 과정의 많은 부분을 자동화하고 보조하는 역할을 수행하고 있으며, 이에 따라 의사들은 기존의 방식에서 벗어나 AI와 협력하는 새로운 의료 패러다임을 고민해야 하는 상황에 놓였다.

AI 기술이 정밀 의학, 영상 분석, 진단 보조, 의료 문서 작성 등 다양한 분야에서 활용되면서 의사의 역할은 단순한 질병 진단과 치료에서 벗어나 보다 복잡한 의사 결정과 윤리적 판단의 영역으로 확대되고 있다. 이러한 변화는 일부 의료인들에게 위협적인 요소로 다가올 수 있지만, 다른 한편으로는 새로운 기회가 될 수도 있다. AI 시대를 맞이한 의사들은 단순히 새로운 기술을 배우는 것을 넘어, 변화하는 의료 환경에서 경쟁력을 유지하기 위한 전략을 수립해야 한다.

AI는 방대한 의료 데이터를 분석하여 신속하고 정확한 진단을 제공할 수 있으며, 이는 특히 영상의학, 병리학, 피부과와 같은 진료과에서 큰 성과를 내고 있다. 그러나 AI의 도입이 무조건 의사의 역할을 축소하는 것은 아니다. AI는 특정 질환을 높은 정확도로 진단할 수 있지만, 환자의 복합적인 병력과 심리적 요인을 고려하는 데 한계가 있다. 예를 들어, 같은 질병을 가진 두 환자라도 사회적 배경, 정서적 상태, 경제적 여건 등에 따라 최적의 치료법이 다를 수 있다. 이러한 상황에서 AI가 단순한 통계적 분석을 제공하는 반면, 의사는 환자와의 상담을 통해 개별적인 치료 계획을 수립하는 데 중요한 역할을 한다.

최근 급속도로 성장하고 있는 대규모 언어 모델(LLM)의 의료 분야 활용을 비롯해 AI 시대에 새롭게 등장하는 의사의 역할, 그리고 갖춰야 할 미래 역량들을 하나씩 살펴보자.

대규모 언어 모델과 의료

최근 챗GPT(ChatGPT)와 같은 대규모 언어 모델(LLM) 기반 AI가 의료 분야에서 활용되고 있으며, 이들의 역할이 점차 확대되고 있다. 이러한 AI는 의료 문서를 정리하고, 환자 상담을 보조하며, 의료 연구 자료를 분석하는 데 도움을 줄 수 있다.

대규모 언어 모델은 2017년 구글(Google)에서 발표한 "Attention is all you need"라는 논문에서 최초로 소개된 트랜스포머(Transformer) 모델을 기반으로 한다. 트랜스포머 모델은 크게 인코더(Encoder)와 디코더(Decoder)로 구성돼 있으며, 대규모 데이터를 효과적으로 학습하고 처리하는 장점이 있다. 트랜스포머를 구성하는 인코더와 디코더의 역할은 다음과 같다.

인코더는 각 단어를 벡터로 변환한 후, 단어들이 서로 어떻게 연결되는지 문맥을 파악하는 역할을 한다. 예를 들어, "나는 밥을 먹었다."라는 문장이 있다면, 인코더는 이 문장의 단어들이 서로 어떻게 연결되고, 문장의 전체적인 의미와 맥락이 무엇인지를 파악한다. 대표적으로 구글(Google)의 BERT와 같은 모델이 인코더로만 이뤄진 대규모 언어 모델이다. 인코더 모델은 문장 이해에 강점을 보이기에 의료 문서 요약, 임상 데이터 분석 등의 과정에 중요하게 활용된다.

디코더는 출력 문장을 생성하는 부분으로 입력 문장을 처리한 후, 그에 맞는 출력을 하나씩 차례대로 만들어 간다. 예를 들어, 영어 문장을 한국어로 번역한다면 디코더는 먼저 첫 번째 단어를 생성하고 다음 단어를 예측하면서 번역문을 완성해 나간다. 이때, 디코더는 이전에 생성된 단어들을 계속 참고하여 문맥에 맞는 단어를 예측해 나가므로 문장의 순차적인 생성에 강점을 보인다. 대표적으로 오픈AI(OpenAI)의 GPT(Generative Pretrained Transformer) 모델이 디코더로만 이뤄진 대규모 언어 모델이다. 우리에게 흔히 알려진 챗GPT는 이러한 GPT 시리즈에 챗봇(Chatbot)을 합쳐서 사용이 편리하도록 개발된 모델이다. 디코더 모델은 진료 환경에서 환자의 증상을 듣고 이를 기반으로 진단 가능한 질병을 설명하는 데 활용될 수 있다.

대규모 언어 모델은 병렬 연산이 가능한 트랜스포머를 기반으로 구성돼 있어 빠르고 효율적인 학습이 가능하지만, '확률적 예측(Stochasticity)'을 기반으로 답변을 생성하기 때문에 정확성과 신뢰성에 한계가 있다. 이러한 확률적 예측이라는 특성으로 인해, 대규모 언어 모델은 환자의 증상을 듣고 진단 가능한 질병을 예측할 수는 있지만, 이에 대한 최적의 치료법을 제시하는 것은 한계가 있다. 또한, 대규모 언어 모델은 존재하지 않은 정보나 틀린 정보를 사실처럼 말하기도 하는데 이를 '환각(Hallucination)' 현상이라고 한다. 따라서, 대규모 언어 모델을 임상에 활용하려는 의사들은 AI가 제공하는 정보를 검증하고, 환자가 오해하지 않도록 명확한 설명을 제공해야 한다.

의사라는 직업의 미래

그동안 의사라는 직업은 사회적으로 안정적이고 높은 신뢰를 받는 직종으로 여겨졌다. 하지만 AI의 발전과 의료 시장의 변화로 인해 기존의 의사 역할이 변할 가능성이 크다. AI가 특정 진료 분야를 대체할 수 있다는 우려가 제기되는 한편, 새롭게 떠오르는 의학 분야도 존재한다.

영상의학과나 병리과와 같이 진단에 필요한 의료 데이터를 해석하는 업무를 담당하는 과들은 AI의 영향을 상대적으로 많이 받을 것이다. 실제로, 미국에서 진행된 연구에 따르면 AI 기반 진단 시스템이 영상 진단에서 영상의학과 전문의보다 높은 정확도를 보였다고 한다. 이러한 변화는 의료 시장에서 새로운 도전을 제시하는 동시에, AI를 활용하는 의사들에게는 새로운 기회를 제공할 것이다.

AI의 도입이 무조건 의사의 역할을 축소하는 것은 아니다. AI는 특정 질환을 높은 정확도로 진단할 수 있지만, 환자의 복합적인 병력과 심리적 요인을 고려하는 데 한계가 있다. 예를 들어, 같은 질병을 가진 두 환자라도 사회적 배경, 정서적 상태, 경제적 여건 등에 따라 최적의 치료법이 다를 수 있다. 이러한 상황에서 AI가 단순한 통계적 분석만을 제공하는 반면, 의사는 환자와의 상담을 통해 개별적인 치료 계획을 수립하는 데 중요한 역할을 한다.

이에 응급의학과, 정신과, 재활의학과와 같이 환자와의 직접적인 소통이 중요한 진료과는 AI가 대체하기 어려운 분야로 남을 가능성이 크다. AI가 정량적인 분석과 진단을 수행하는 데 강점을 가지고 있지만, 환자의 감정을 이해하고 치료 과정에서 심리적 지원을 제공하는 것은 앞으로도 꾸준히 인간 의사가 맡아야 할 중요한 역할이기 때문이다.

대한민국 의료계는 최근 심각한 의정 갈등을 겪고 있다. 의료 정책 변화, 공공 의료 확대, 의료 수가 문제 등 다양한 요인이 의사들의 직업 안정성을 위협하고 있으며, AI의 발전과 맞물려 의사라는 직업의 미래에 대한 불확실성을 더욱 가중시키고 있다.

현재 대한민국 의료계의 가장 큰 갈등 요소 중 하나는 정부 주도의 의료 정책 변화다. 특히, 공공의료 확충을 위한 공공 의대 설립 및 의대 정원 확대 정책은 의료계 내부에서 큰 반발을 불러일으키고 있다. 정부는 의료 취약 지역 및 필수 의료 분야의 인력 부족을 해결하기 위해 의대 정원을 늘리는 방안을 추진하고 있지만, 대한의사

협회와 개원의들은 이러한 정책이 의료의 질을 낮추고 기존 의사들의 부담을 가중시킬 것이라고 주장한다. 이는 젊은 의사들이 미래 의료 환경에 대해 불안감을 가지게 되는 주요 원인이 되고 있다.

또한, 의료 수가 문제 역시 중요한 이슈 중 하나다. 의료 행위에 대한 수가가 지나치게 낮게 책정되어 있다는 점은 특히 필수 의료에 종사하는 의사들에게 경제적 부담을 주고 있으며, 의료 환경의 지속 가능성을 위협하고 있다. 이에 따라, 개원의들은 점점 경영난을 겪고 있으며, 일부 전문 과목의 경우 AI의 발전과 맞물려 의료 시장에서의 경쟁력을 유지하기 어려운 상황에 직면하고 있다. 앞서 논의한 것처럼 AI가 진단을 보조하는 수준을 넘어 독립적으로 진단을 수행하는 단계로 발전하고 있다. 이는 영상의학과나 병리과와 같은 분야에서 인력 수요가 줄어들 가능성을 시사하며, 젊은 의사들이 미래 커리어를 선택할 때 큰 변화를 불러올 것이다.

반면, 필수 의료 분야에서는 여전히 인력 부족이 심각한 문제로 남아 있다. 응급의학과, 산부인과, 흉부외과 등의 분야는 높은 업무 강도와 낮은 보상 구조로 인해 기피 과목이 되고 있으며, 이러한 상황에서 AI가 보조적인 역할을 하더라도 인력 부족 문제를 해결하기는 어렵다.

따라서, 의료 AI의 발전이 모든 진료과에 균일한 영향을 미치지는 않을 것이며, 오히려 특정 과목은 더욱 AI와의 협업을 요구하게 될 것이다.

이러한 의정 갈등 속에서 의사들은 단순히 임상 기술만이 아니라, 정책적 변화에 대한 이해와 대응 전략을 갖춰야 하는 상황에 직면하고 있다. AI 시대가 도래하면서 의료 환경이 더욱 빠르게 변화할 것으로 예상되는 만큼, 의사들은 기존의 의료 행위뿐만 아니라 데이터 분석, 의료 경영, 윤리적 판단 능력을 갖춰야 한다. 또한, 젊은 의사들은 과거보다 유연한 자세로 커리어를 설계해야 할 필요가 있다.

참고문헌

남정민(2024.04.01). 길어지는 의료 대란에 주목받는 AI…"의존도 높아질 것". ≪한국경제≫, https://www.hankyung.com/article/202404010498i

장민(2023). 『챗GPT 기회를 잡는 사람들』. 알투스.

Ashish V., et al.(2017). Attention is all you need. *arXiv, arXiv*:1706.03762

Hosny, A., et al.(2018). Artificial intelligence in radiology. *Nature reviews*. Cancer, 18(8), pp.500-510.

Jiang, L., et al.(2021). Opportunities and challenges of artificial intelligence in the medical field: Current application, emerging problems, and problem-solving strategies. *The*

Journal of international medical research, 49(3), pp.1-11.

10
AI와 미래 의학의 변화

의료 기술의 발전은 역사적으로 인간의 건강과 수명을 연장하는 데 결정적인 역할을 해왔다. 의료 AI가 도입되면서, 이러한 변화는 더욱 가속화하고 있다. 앞으로 AI는 의료 서비스의 개념을 근본적으로 바꾸며, 디지털 헬스케어, 원격 의료 분야에서 혁신을 가져오며 미래 사회 문제들을 해결하는 데 기여할 것이다. AI가 가져올 미래 의학의 변화와 함께, 미래 의사가 수행해야 할 새로운 역할을 고찰한다.

종교와 AI?

AI 기반 디지털 헬스케어

과거의 의료는 대개 경험 중심의 진료 방식에 의존해 왔다. 하지만 AI는 방대한 의료 데이터를 실시간으로 분석하여 개별 환자에게 최적화된 디지털 헬스케어 시스템을 제공할 수 있다. 유전 정보, 생활 습관, 환경 요인 등을 통합 분석함으로써, 환자 개개인에게 가능성이 높은 질병을 예방하고 치료 후 재발 방지를 돕는 최적의 디지털 헬스케어가 현실화하고 있다.

최근 개최된 CES 2025에서 여러 기업이 의료 AI를 통해 디지털 헬스케어 분야에서 혁신적인 변화를 만들어 가며, 의료 서비스의 접근성, 효율성, 정확성을 높이고 있음을 보여 주었다. 예를 들어, 프랑스의 스타트업 위딩스(Withings)에서 개발한 스마트 전신 거울 '옴니아(Omnia)'는 사용자의 신체를 360도로 스캔해 심장 건강과 비타민 상태를 분석하고, 원격으로 의사와 연결해 주는 기능을 선보였다. 국내 기업 삼성(Samsung)도 'Home AI' 시스템을 선보이며, 가정 내 다양한 기기를 하나의 네트워크로 통합해 건강 모니터링과 가족 맞춤형 관리를 지원하는 헬스케어 시스템을 개발했다.

이러한 디지털 헬스케어 시스템의 궁극적인 발전 방향은 결국 AI 헬스케어 로봇일 것이라고 전문가들은 예측한다. CES 2025에서 소개된 프랑스 회사 인챈티드 툴즈(Enchanted Tools)의 로봇 '미로카이(Mirokai)'가 대표적인 예시다. 미로카이는 요양병원, 호텔처럼 고객 서비스가 필요한 분야에서 사용하기 위해 개발된 로봇으로 사람들과 상호작용을 할 수 있는 특별한 기능을 가지고 있다. 미로카이는 애니메이션 캐릭터에서 영감을 받은 친근한 외모를 가지고 있어 사람들에게 따뜻하고 친숙한 인상을 준다. 특히 감정을 표현할 수 있도록 개발돼 사람들과 더 자연스럽게 소통할 수 있다. 이러한 AI 로봇의 개발과 발전은 향후 다가올 초고령화 사회에 대비하여 요양 병원 및 시니어 레지던스 등에서 활용되며 환자 및 고령 인구들의 헬스케어에 큰 도움이 될 것이다.

국내 안마 의자 기업인 바디프랜드(Bodyfriend)에서도 CES 2025에서 AI 헬스케어 '로봇 733'을 공개하며 큰 주목을 받았다. 로봇 733은 건강 관리를 돕는 다양한 기능을 갖추고 있어, 개인 맞춤형 치료와 건강 개선을 목표로 한 혁신적인 기술로 평가받았는데, 사용자의 생체 데이터를 모니터링하고 분석해 개인 맞춤형 건강 프로그램을 실시간으로 제공한다. 예를 들어, '하트 세이프(Heart Safe)' 앱과 연동하여 사용자의 심전도를 실시간으로 측정해 심장 건강 상태를 확인한다. 특히, 로봇 733

은 사용자 데이터를 기반으로 맞춤형 건강 솔루션을 제공하는 AI 기술을 활용해 CES 2025 참가자들의 주목을 받았으며, 디지털 헬스 부문 혁신상을 받으며 기술력을 인정받았다.

이처럼 앞으로 AI 로봇은 단순한 헬스케어 제품이 아니라, 스트레스 관리와 장기적인 건강 회복을 돕는 혁신적인 도구로 자리 잡을 것이다. 이를 통해 개인의 건강을 더 체계적으로 관리하고, 삶의 질을 높이는 데 기여할 것이다.

원격 의료와 AI의 역할

원격 의료는 AI의 발전과 함께 더욱 활성화되고 있다. 기존의 원격 진료는 주로 영상 통화를 활용하여 이뤄졌지만, AI의 도입으로 진단의 정확성이 높아지고, 보다 정교한 환자 관리가 가능해졌다. AI 기반 챗봇과 원격 모니터링 시스템은 환자의 증상을 분석하고, 의료진이 실시간으로 데이터를 확인할 수 있도록 지원한다.

미국 기업 바빌론 헬스(Babylon Health)는 AI를 활용하여 환자의 기본적인 건강 상태를 분석하고, 필요할 경우 의사와 연결해 주는 서비스를 제공하고 있다. 또한, AI는 만성 질환 환자의 상태를 지속적으로 모니터링하며, 위험 신호가 감지되면 즉시 의료진에게 알리는 역할을 수행할 수 있다. 이러한 기술은 특히 의료 접근성이 낮은 지역에서 환자들이 더욱 쉽게 의료 서비스를 받을 수 있도록 돕는다.

국내에서도 인공지능 스피커를 활용한 독거노인 원격 모니터링 및 돌봄 서비스가 도입돼 효과를 거두고 있다. 지난 2024년 12월에 경상북도 안동시에서는 AI 스피커가 독거노인의 생명을 구한 사례도 있다. 한 60대 독거노인의 TV가 오랜 시간 채널 변경 없이 켜져 있는 것을 AI 스피커가 감지하고 이를 이상 신호해 AI 스피커가 스스로 119에 구조 요청을 보냈고, 저혈당 쇼크로 쓰러져 있던 노인을 신속하게 발견하고 병원으로 이송해 생명을 구할 수 있었다.

향후 AI가 더욱 발전함에 따라, 원격 의료는 더욱 정교한 형태로 진화할 것이며, 대한민국이 직면한 고령화, 독거노인 증가, 출산율 감소와 같은 사회적 문제 해결에 중요한 역할을 하게 될 것이다. 원격 의료를 통해 의료 접근성이 낮은 고령층이 정기적인 건강 관리를 받을 수 있으며, 독거노인의 건강 상태를 실시간으로 모니터링하여 응급 상황을 조기에 감지할 수 있다. 또한, 출산율 감소로 인해 의료 인력이 부족해질 가능성이 있는 미래 사회에서 원격 의료는 효율적인 의료 서비스 제공을 가능하게 하며, 의료 시스템의 지속 가능성을 높이는 데 기여할 것이다.

미래 의료에서 의사의 역할

AI가 의료 현장에서 점점 더 중요한 역할을 수행함에 따라, 의사의 역할도 변화하고 있다. 단순한 진단과 치료 제공자 위치에서 벗어나, AI를 활용하는 전문가의 역할이 요구되고 있다. 미래의 의사는 AI 시스템이 제공하는 데이터를 해석하고, 이를 바탕으로 환자와 소통하며 최적의 의료 결정을 내리는 것이 중요해질 것이다.

또한 AI의 윤리적 활용을 위한 관리자로서 역할도 필요하다. AI의 결정 과정은 종종 '블랙박스'로 남아 있어, 의료진이 이를 신뢰할 수 있도록 설명 가능성을 확보하는 것이 필수적이다. 따라서 의사는 AI 알고리즘이 공정하고 정확한 결정을 내릴 수 있도록 지속적인 검토와 개선을 담당해야 한다.

대한민국 의료 시스템은 높은 의료 접근성과 우수한 의료진을 바탕으로 세계적인 수준을 자랑해 왔다. 그러나 급속한 고령화, 의료 인력의 수도권 집중, 지방 의료의 불균형 등 여러 가지 도전에 직면해 있다. 특히, 인구 감소와 함께 의료 인력의 부족이 예상되는 가운데 AI는 이러한 문제를 해결할 중요한 기술로 자리 잡을 것이다. AI를 활용한 자동화된 진료 시스템과 원격 의료 서비스는 지방에서도 양질의 의료 서비스를 받을 수 있도록 지원하며, 장기적으로 대한민국 의료 체계의 지속 가능성을 높이는 데 기여할 것이다.

지방 의료 발전을 위해 AI 기반의 클라우드 의료 데이터 공유 시스템을 구축하여, 지방 병원과 대형 병원 간의 협력을 증진해야 한다. 또한, 의료진 부족 문제를 해결하기 위해 원격 진료와 AI 보조 진단 시스템을 활용하여 의료 서비스의 질을 향상할 수 있다. 이러한 혁신적인 접근 방식은 대한민국 의료의 지역 격차를 줄이고, 보다 균형 잡힌 의료 서비스를 제공하는 데 기여할 것이다.

AI와 함께하는 의료 환경에서 미래의 의사들은 단순히 진료를 수행하는 역할을 넘어, AI와 협력하여 최적의 진료 계획을 수립하는 전문가로 변화해야 한다. 따라서, 의과대학생 및 미래 의학도들은 단순한 의학 지식뿐만 아니라, 데이터 분석, AI 알고리즘, 의료 윤리에 대해서도 깊이 이해해야 한다. 또한, AI 시스템의 결과를 해석하고 환자들에게 설명하는 능력, 그리고 AI를 인간 중심 의료 서비스에 적절히 적용하는 능력이 중요해질 것이다. 이에 따라, 미래 의사들은 기술적 역량과 인문학적 소양을 균형 있게 갖춰야 한다.

그동안 살펴본 것처럼, AI는 의료 분야에서 단순한 보조 기술을 넘어, 의료의 근본적인 변화를 이끌고 있다. 맞춤형 의료, 자동화된 치료 시스템, 데이터 중심의 연구 방식이 AI를 통해 가능해지고 있으며, 이는 환자들에게 더욱 정확하고 효과적인 의료 서비스를 제공하는 데 기여할 것이다. 이러한 변화 속에서, 의사의 역할 또한 AI를 활용하는 전문가이자, AI의 윤리적 활용을 관리하는 조정자로서 확대될 필요가 있다. AI와 인간 의사가 협력하여, 더 나은 의료 환경을 구축하는 것이 미래 의료의 핵심 과제가 될 것이다.

참고문헌

민지혜(2025.01.14). CES서 관람객들 눈길 끈 바디프랜드 'AI 헬스케어로봇 733'. ≪한국경제≫, https://www.hankyung.com/article/2025011442721

신현우(2025.01.08). 캐릭터같은 로봇 미로카이. ≪연합뉴스≫, https://www.yna.co.kr/view/PYH20250108126800013

통계청(2023). 『수도권과 지방 간의 의료시설 및 의료 인력 불균형』. 통계청.

Guo, S. B., et al.(2024). Artificial intelligence alphafold model for molecular biology and drug discovery: A machine-learning-driven informatics investigation. *Mol Cancer*, 23(1), p223.

Obermeyer, Z., et al.(2019). Dissecting racial bias in an algorithm used to manage the health of populations. *Science*, 366(6464), pp.447–453.

Topol, E.(2019). *Deep medicine: How artificial intelligence can make healthcare human again*. Basic Books. 이상열 옮김(2020). 『딥메디슨』. 소우주.

World Health Organization.(2020). Global strategy on digital health 2020–2025. https://www.who.int/docs/default-source/documents/gs4dhdaa2a9f352b0445bafbc79ca799dce4d.pdf

임채영

의료 인공지능을 연구하는 의사로, 서울대학교병원에서 인턴을 수료하고 현재 대한민국 육군 군의관으로 복무 중이다. 2016년 전남대학교 의과대학에 수석 입학해 의학을 공부하며 "Medical student's artificial intelligence education and research experiences"를 포함해 다수의 의료 인공지능 연구 논문을 SCI, KCI 등재학술지에 발표했다. 이러한 연구 성과와 우수한 학업 성적을 인정받아 전남대학교 제71회 학위 수여식에서 총장상을 수상했다. 2023년 서울대학교병원 진료과가 뽑은 최우수 인턴으로 선정돼 서울대학교 병원장 표창장을 받았다. 현재 대한의료인공지능학회(KoSAIM) 정회원으로 활동하며, 비전 기반 AI 연구회 및 의사개발자 연구회에서 연구를 지속하고 있다. 또한 한국방송통신대학교 대학원 통계・데이터과학과 석사과정에서 바이오통계학과 데이터과학을 연구하고 있으며, 2025년 FIFA Diploma in Football Medicine 과정을 수료했다.